Erarbeitet an der
Deutschen Hochschule für Körperkultur Leipzig
Autoren:
Doz. Dr. Walter Renner
Dr. Jürgen Dietze
Christiane Müller

Diese Anleitung wurde im Auftrag des DTSB der DDR zur Vervollkommnung des Übungs-, Trainings- und Wettkampfbetriebes im DSSV der DDR entwickelt

Schwimmen

Anleitung für den Übungsleiter

Sportverlag Berlin

Renner, Walter: Sportschwimmen : Anleitung für d. Übungs-
leiter / [Autoren: Walter Renner ; Jürgen Dietze ; Christiane
Müller]. – 1. Aufl. – Berlin : Sportverl., 1988
NE: 2. Verf.:; 3. Verf.:; HST

ISBN 3-328-00221-9

© Sportverlag Berlin
Erste Auflage
Lizenznummer: 140 355/14/88
9055
Lektor: Dieter Hausmann
Illustrationen: Wolfgang Schedler, Christian Ewald
Einband: Siegmar Förster
Printed in the German Democratic Republic
Lichtsatz: INTERDRUCK
Graphischer Großbetrieb Leipzig – III/18/97
Druck und buchbinderische Weiterverarbeitung:
LVZ-Druckerei, Leipzig
Redaktionsschluß: 24. 9. 1987
671 718 9
01450

Inhaltsverzeichnis

	Karte
Vorwort, Benutzerhinweise	
Theorie	**1–13**
Anforderungen an den Übungsleiter	1
Trainingsgrundsätze	2– 8
Wettkampfbestimmungen	9–10
Veranstaltungen, Wettkämpfe	11
Auszeichnungen	12
Gesetzliche Bestimmungen	13
Technik	**14–40**
Technikbeschreibung der Sportschwimmarten, Starts und Wenden	14–23
Grundfertigkeiten Springen, Tauchen, Atmen, Gleiten, Fortbewegen	24–30
Erlernen und Vervollkommnen schwimmtechnischer Fertigkeiten	31–40
Training	**41–59**
Trainingsprinzipien	41–42
Entwicklung konditioneller Fähigkeiten im Wasser	42–46
Entwicklung konditioneller Fähigkeiten an Land	46–51
Gymnastikprogramme zur Beweglichkeit, Lockerung, Dehnung	52–56
Beispiele für selbständiges Üben	57–60
Übungs- und Trainingsprogramme	**60–83**
Literatur	

Vorwort

Das Schwimmen mit seinen vielfältigen Formen und Anwendungsbereichen bildet eine wesentliche Grundlage für die Gesunderhaltung, Steigerung der Leistungsfähigkeit und im wahrsten Sinne des Wortes für den Lebenserhalt. Es kann wie kaum eine andere sportliche Betätigung von frühester Kindheit bis ins hohe Alter betrieben werden.

Die Ganzkörperbewegungen in allen Schwimmarten, die Anforderungen an das Atmungs- und Herz-Kreislauf-System bei gleichzeitiger Entlastung des Stützapparates bieten hervorragende Voraussetzungen für die Konditionierung und sporttechnische Vervollkommnung in allen Alters- und Leistungsgruppen.

Der Schulschwimmunterricht in der Unterstufe (Klasse 1 bis 3) sichert in der DDR seit Jahren die Ausbildung für alle gesunden Schüler in einer bis zwei Schwimmarten, die damit die Bedingungen für das Schwimmabzeichen in den verschiedenen Stufen erfüllen. Diese Grundausbildung kann in den Sektionen des DSSV der DDR, in den Übungsgruppen des Massensport-Bereiches sowie durch selbständige schwimmsportliche Betätigung vervollständigt werden.

Die Übungsanleitung soll konkrete Anregungen für eine interessante und wirkungsvolle Trainingsgestaltung vermitteln und die pädagogische und trainingsmethodische Arbeit des Übungsleiters erleichtern. Die Anleitung besteht aus vier Teilen.

Im Theorieteil werden wesentliche pädagogische und trainingsmethodische Grundlagen angeboten und die wichtigsten Begriffe erläutert, die zum Grundwissen einer erfolgreichen Übungsleitertätigkeit gehören und das Verständnis für den Trainingsteil fördern.

Auszüge aus den Wettkampfbestimmungen sowie aus den gesetzlichen Grundlagen und Beschlüssen geben neben den Literaturhinweisen dem Übungsleiter die Möglichkeit, sachlich richtige Entscheidungen zu treffen, rechtliche Bestimmungen bewußt durchzusetzen und sich selbständig weiterzubilden.

Im Teil Technik werden dem Übungsleiter durch Wort und Bild wettkampfgerechte Leitbilder für die Sportschwimmarten, Starts und Wenden vermittelt. Außerdem wird der Prozeß des Erlernens und der Vervollkommnung neuer bzw. bekannter Körperübungen bildhaft dargestellt.

Der Trainingsteil beschränkt sich im wesentlichen auf die Darstellung der wichtigsten Mittel und Methoden für eine zielgerichtete Entwicklung von Kraft, Ausdauer und Schnelligkeit mit allgemeinen und speziellen Körperübungen im Wasser- und Landtraining.

Die Zusammenstellung der Trainingsprogramme in Einheit mit Vorschlägen für die Erziehungsplanung im abschließenden vierten Teil stellt eine Auswahl dar und ist als Anregung für die Durchführung konkreter Trainingseinheiten unter Berücksichtigung verschiedener Aufgabenstellungen und eines unterschiedlichen Ausbildungsstandes anzusehen.

Benutzerhinweise

Die Übungsanleitung umfaßt 80 Karten. Sie verteilen sich auf die vier Hauptkomplexe
— Theorie,
— Technik,
— Training,
— Trainingsprogramme.

Die einzelnen Komplexe sind durch verschiedenfarbige **Randmarken** mit einem Schlagwort auf den entsprechenden Seiten gekennzeichnet.
Die Begriffe auf den **Kopfleisten** der einzelnen Karten orientieren auf Kapitelüberschriften und weitere Inhaltsangaben.
Zur Orientierung auf bestimmte Schwerpunkte und Besonderheiten wurden in den Abbildungen farbige Kreise und Pfeile verwendet.
Die Übungssammlung ist so aufgebaut, daß einzelne Blätter herausgetrennt und zur Vorbereitung und Durchführung von Übungsstunden einzeln verwendet werden können. In Ergänzung mit eigenen Notizen kann jeder Übungsleiter den Übungs- und Trainingsbetrieb auf seine Trainingsgruppe abstimmen.
Wie sollte mit der Anleitung gearbeitet werden? Die Autoren gehen davon aus, daß der Übungsleiter ein bestimmtes Grundwissen (Komplex Theorie) und auch spezielle Kenntnisse (Komplexe Technik, Training) beherrschen muß. Ein gründliches Studium der entsprechenden Kapitel ist also erforderlich. Diese Arbeit ist nicht mit einem einmaligen Lesen erledigt, sondern erfordert eine wiederholte Beschäftigung mit den allgemeinen Sachverhalten und speziellen Fakten. Das schließt auch den Vergleich mit dem bisherigen Wissen und den praktischen Erfahrungen und das „Fachgespräch" mit anderen Übungsleitern sowie ein Nachschlagen in der entsprechenden Fachliteratur ein.
Ausgerüstet mit einem sicheren und anwendungsbereiten Grundwissen und den bereits im Prozeß der Übungsleitertätigkeit erworbenen Erfahrungen, sollte der Übungsleiter die in der Anleitung enthaltenen Programme und Übungsbeispiele schöpferisch in den Übungs- und Trainingsstunden umsetzen und durch eigene ergänzen.

Karte 1

Anforderungen an den Übungsleiter

Gesellschaftliche Anforderungen und Hauptaufgaben
Die Übungsleiter im DTSB sind ehrenamtliche Kader und wirken in dieser Funktion als Erzieher, Ausbilder, Organisatoren und Propagandisten bei der Gestaltung und weiteren Entwicklung des Sports.
Mit der Aufnahme der verantwortungsvollen Tätigkeit bei der Erziehung und sportlichen Ausbildung der jungen Generation übernimmt der Übungsleiter eine hohe **gesellschaftliche Verpflichtung**, deren Ergebnisse zwei wesentliche Entwicklungslinien bestimmen:
1. Der Übungsleiter trägt durch die Vermittlung seines Wissens und Könnens an die Sporttreibenden sowie durch seine Einsatzbereitschaft zur Erhöhung des Leistungsniveaus in der entsprechenden Sportart bei.
2. Der Übungsleiter hinterläßt durch sein Auftreten die Gestaltung freudvoller und interessanter Übungs- und Trainingsstunden, erlebnisreicher Wettkämpfe, durch seine Liebe zum Sport und durch seine eigene sportgerechte Lebensweise nachhaltige Eindrücke bei den ihm anvertrauten Kindern und Jugendlichen, die oft bestimmend für ihre weitere Lebensweise und sinnvolle Freizeitgestaltung wirken und damit zur weiteren Verbreitung der Sportart beitragen.
Abgeleitet von den gesellschaftlichen Anforderungen hat der Übungsleiter im DSSV der DDR folgende **Hauptaufgaben** zu lösen:
1. Planung, Gestaltung und Nachbereitung freudvoller und entsprechend der jeweiligen Zielstellung wirksamer Übungs- und Trainingsstunden als einheitlichen Prozeß von Erziehung und sportlicher Ausbildung,
2. Vorbereitung von Wettkämpfen (oft auch Mithilfe bei der Durchführung), Betreuung der Aktiven, Auswertung der Ergebnisse,
3. Zusammenarbeit mit Schule und Eltern,
4. Teilnahme an der organisierten Aus- und Weiterbildung sowie eigenständige Weiterbildung durch die Fachliteratur.

Pädagogische Führung von Bildung und Erziehung
Der durch den Übungsleiter geführte Übungs- und Trainingsprozeß ist ein pädagogischer Prozeß, in dem sportliche Ausbildung (einschließlich der notwendigen theoretischen Bildung) und Erziehung, die Lösung von Ausbildungs- und Erziehungsaufgaben immer eine Einheit bilden. Das bedeutet, daß mit der Entwicklung und weiteren Vervollkommnung des sportlichen Leistungsvermögens (Verbesserung der konditionellen Fähigkeiten und sporttechnischen Fertigkeiten) auch die Leistungsbereitschaft (Bewußtsein, Charakter, Willenseigenschaften und weitere Persönlichkeitsmerkmale) zielstrebig, planmäßig und kontinuierlich herausgebildet und weiterentwickelt werden muß.
Die planmäßige Gestaltung des Erziehungsprozesses (in Einheit mit der sportlichen Ausbildung) ist unabdingbar, weil eine nur spontan erfolgende und vom Bildungsinhalt losgelöste Erziehungstätigkeit des Übungsleiters unzureichende Ansätze für die Herausbildung einer hohen Leistungsbereitschaft der Sportler bildet und dadurch eine wesentliche Seite der Leistungsfähigkeit der Sportler in ihrer Entwicklung vernachlässigt werden würde.
Auf der Grundlage des allgemeinen Erziehungsziels in unserem Land ist es erforderlich, die Sportler zu allseitig entwickelten Persönlichkeiten zu erziehen, die mit ihrem sozialisti-

Anforderungen an den Übungsleiter

schen Vaterland fest verbunden sind und in Schule, im Studium, in Beruf und Sport nach hohen Leistungen streben.

Daraus lassen sich folgende **Schwerpunkte für den Übungs- und Trainingsbetrieb** ableiten:

1. Beitrag zur Herausbildung ideologischer Grundüberzeugungen als Basis für die Entwicklung positiver Einstellungen, Verhaltensweisen und Gewohnheiten.
2. Bewußte Nutzung der Trainingsstunden und der Wettkämpfe für die Herausbildung wertvoller Charaktereigenschaften wie Kollektivität, Diszipliniertheit und Selbständigkeit durch die Übertragung von Verantwortung und Aufgaben innerhalb der Trainingsgruppe, durch Forderung von Pünktlichkeit, Gewissenhaftigkeit und Ehrlichkeit bei der Erfüllung der Trainingsaufgaben, durch Anforderungen an Selbständigkeit und aktive Mitarbeit im Training.
3. Die Entwicklung stabiler, die sportliche Leistungsfähigkeit positiv beeinflussender Wettkampfeigenschaften als Bestandteil politisch-moralischer Persönlichkeitsmerkmale wie Leistungsbereitschaft, Leistungsstreben, Einsatzfreude, Beharrlichkeit, Kampfgeist und Siegeswillen.

Der Trainingsprozeß im Sportschwimmen bietet eine Vielzahl von Ansätzen und Möglichkeiten, geplante erzieherische Absichten gezielt durchzusetzen. Einige Beispiele:
- Mannschafts- und Staffelwettkämpfe tragen zur Herausbildung von Kollektivität bei.
- Diszipliniertheit und gegenseitige Rücksichtnahme erfordert das Training „am laufenden Band" auf einer Schwimmbahn.
- Selbständigkeit und bewußte Mitarbeit entwickeln sich bei der Kontrolle der vorgegebenen Geschwindigkeit und Pausenlängen.
- Beharrlichkeit erfordert die Bewältigung längerer Teilstrecken.
- Konzentrationsfähigkeit und Willensstoßkraft prägen sich bei Startübungen aus.
- Siegeswillen und Kampfgeist werden in Leistungsvergleichen und Wettkämpfen entwickelt.

Karte 2

Trainingsgrundsätze

Konditionelle Fähigkeiten

Die konditionellen Fähigkeiten
— Kraftfähigkeit,
— Ausdauer und
— Schnelligkeitsfähigkeit

sind die Grundlage für die Entwicklung einer sportlichen Leistung. Sie sind deshalb in allen Entwicklungsphasen in einem bestimmten Maße zu steigern bzw. auf einem erreichten Niveau zu erhalten.

Kraftfähigkeit

Für die Fähigkeit Kraft gibt es drei unterschiedliche Erscheinungsformen.

Maximalkraftfähigkeit ist die höchstmögliche Kraftausübung, die der Sportler erreichen kann (= 100 % der Kraftfähigkeit bei einer bestimmten Leistungsanforderung, im Schwimmen z. B. Armzugkraft).

Schnellkraftfähigkeit ist die Fähigkeit, durch eine hohe Kontraktionsgeschwindigkeit der Muskeln schnelle Bewegungen auszuführen und dabei Widerstände zu überwinden (bes. Startsprung).

Kraftausdauer ist die Ermüdungswiderstandsfähigkeit des Organismus bei andauernder Kraftleistung. Kraftausdauer ist also die Fähigkeit, relativ hohe Kraftleistungen über längere Zeit aufrechtzuerhalten.

Neben diesen drei Erscheinungsformen der Fähigkeit Kraft treten auch noch unterschiedliche Beanspruchungsweisen auf, die nicht alle in den Wettkampfdisziplinen vorkommen, jedoch im Training eine Rolle spielen:

1. Überwindende Arbeit. Sie kommt im Training am häufigsten vor und erlaubt dem Sportler, ein Fremdgewicht oder sein eigenes Körpergewicht zu bewegen. Diese Form der Arbeit wird auch als dynamische Kraft bezeichnet.

2. Haltende Arbeit. Die Muskelarbeit dient zur Stabilisierung einer statischen Situation. Innere (Muskelkontraktionen) und äußere Kraft (Masse eines Gerätes, Federkraft des Expanders) entsprechen einander. Diese statische Kraft spielt in einigen Sportarten eine untergeordnete Rolle.

3. Nachgebende Arbeitsweise. Der Körper wirkt einer Last nachgebend entgegen. Diese Beanspruchung tritt auf beim Abfedern von Sprüngen, beim Bergablauf und auch bei Auftaktbewegungen.

Ausdauer

Unter Ausdauer wird die Widerstandsfähigkeit gegen Ermüdung bei der Ausübung einer Sportart verstanden. Eine gut entwickelte Ausdauerfähigkeit ist die Voraussetzung für den Erfolg in Disziplinen, die über längere Zeit verlaufen.

Ähnlich wie bei der Kraft gibt es auch bei der Fähigkeit Ausdauer unterschiedliche Formen. Die Ursachen liegen vorwiegend in der Energiebereitstellung des Körpers für die entsprechende Leistung.

Aerobe Ausdauer

Die Belastung ist bei dieser Form weniger intensiv, sie muß aber lange aufrechterhalten werden. Die Bezeichnung für diese Form der Ausdauer rührt daher, weil für Langzeitausdauerleistungen die Größe des Sauerstoffstroms, der die Muskeln versorgt, entscheidend ist. Diese Eigenschaft wird auch als aerobe Kapazität bezeichnet (Sauerstoffaufnahme und Sauerstoffverbrauch sind im Gleichgewicht).

Wichtig ist weiterhin zu wissen, daß die aerobe Ausdauer ein

Trainingsgrundsätze

entscheidender leistungsbestimmender Faktor für alle Ausdauerleistungen ist. Durch sie wird auch das Niveau der Grundlagenausdauer bestimmt. Im Training muß deshalb die aerobe Kapazität besonders entwickelt werden.

Anaerobe Ausdauer
Die Belastung ist im Vergleich zur aeroben Ausdauer relativ hoch, daher muß der Körper eine Sauerstoffschuld eingehen (größerer Sauerstoffverbrauch, als aufgenommen werden kann).
Die Bezeichnung anaerobe Ausdauer wurde deshalb geprägt, weil der Organismus bei hohen Dauerbelastungen seinen Energiefluß nicht mehr allein über oxydative Prozesse gewährleisten kann. Die Energiezufuhr erfolgt also auch ohne Sauerstoff, was allerdings nur begrenzte Zeit möglich ist.
In der Praxis werden die Ausdauerdisziplinen in die in der nebenstehenden Tabelle aufgeführten Bereiche eingeteilt.

Schnelligkeitsfähigkeit
Schnelligkeit als sportliche Fähigkeit bedeutet, sportliche Aktionen unter den gegebenen Bedingungen in kürzester Zeit auszuführen. Die Voraussetzungen für diese Fähigkeit liegen vor allem im nervalen Bereich. Die Schnelligkeit erscheint in der Sportpraxis als Reaktions- und Aktionsschnelligkeit.
Die **Reaktionsschnelligkeit** steht immer mit einem Signal im Zusammenhang. Die Zeit zwischen Signal und Beginn der sportlichen Bewegung wird deshalb als Reaktionszeit bezeichnet. Vor allem bei Sprungdisziplinen ist die Reaktionsschnelligkeit leistungsbestimmend.
Die motorische **Aktionsschnelligkeit** ist auf die Überwindung von Widerständen gerichtet (z. B. Masse eines Wettkampfgerätes oder des Körpergewichts). Nötig ist dafür, daß erstens ein ausreichendes Beschleunigungsvermögen vorhanden ist und zweitens die erreichte maximale Geschwindigkeit aufrechterhalten werden kann. Das Aktionsvermögen hängt vorrangig von der Schnellkraftfähigkeit ab.
In sportlichen Handlungen mit einmaligem (azyklischem) Bewegungsablauf ist die absolute Bewegungsschnelligkeit leistungsbestimmend. Diese Fähigkeit wird als Schnell-Koordination bezeichnet, wenn eine mehrfache Wiederholung des Bewegungsablaufs (zyklische Bewegung) gefordert wird.
Alle Übungen mit Schnelligkeitscharakter beanspruchen den Organismus in hohem Maße. Diese Maximalbelastung läßt sich nur kurze Zeit durchhalten. Die Fähigkeit, hohe Schnelligkeiten über eine bestimmte Zeit aufrechtzuerhalten, bezeichnet man als **Schnelligkeitsausdauer**.

Konditionelle Fähigkeiten

Ausdauerbereiche	Belastungszeit	entspr. im Schwimmen
Kurzzeitausdauer	45 s bis 2 min	50–100-m-Strecken
Mittelzeitausdauer	2 min bis 11 min	100–400-m-Strecken
Langzeitausdauerbereich I	11 min bis 30 min	800–1 500-m-Strecken
Langzeitausdauerbereich II		
Langzeitausdauerbereich III	über 90 min	

Karte 3

Trainingsgrundsätze

Entwickelte koordinative Fähigkeiten sind die Voraussetzung für das Erlernen sportlicher Techniken. Es ist selbstverständlich, daß durch das Niveau der sportlichen Technik der Erfolg des Sportlers entscheidend bestimmt wird. Ein gutes sporttechnisches Niveau erhöht die Freude am Sport und vermindert die Unfall- und Verletzungsgefahr.

Eine Grundregel für die koordinative und technische Ausbildung besteht darin, sie als einheitlichen Prozeß zusammen mit der Entwicklung der konditionellen, kognitiven und motivalen Faktoren zu gestalten.

Unter den koordinativen Fähigkeiten versteht man die grundlegenden Voraussetzungen, die für die Steuerung, die Schnelligkeit und die Qualität von Bewegungsabläufen verantwortlich sind. Koordinative Fähigkeiten werden für das bessere Verständnis in Einzelfähigkeiten aufgeteilt. In der Sportpraxis wirken sie allerdings im Komplex. Für das Erlernen sportlicher Techniken spielen vor allem folgende Fähigkeiten eine Rolle.

Kopplungsfähigkeit
Funktion: Steuerung der räumlichen, zeitlichen und dynamischen Verbindungen von Teilkörperbewegungen

Differenzierungsfähigkeit
Funktion: Feinabstimmung und Kontrolle der Bewegungen unter dem Aspekt der Genauigkeit, Dosierung und Ökonomie im Kraft-, Zeit- und räumlichen Verlauf

Koordinative Fähigkeiten

Gleichgewichtsfähigkeit
Funktion: Erhalt oder Wiederherstellung des Gleichgewichtszustandes

Rhythmisierungsfähigkeit
Funktion: Anpassen der Bewegung an einen vorgegebenen (äußeren) bzw. Finden eines zweckmäßigen eigenen (inneren) Rhythmus

Anpassungs- und Umstellungsfähigkeit
Funktion: Präzisieren, Korrigieren sowie bewußtes Variieren und Umstellen von Bewegungen auf eine aktuelle oder kommende Situationsänderung hin

Orientierungsfähigkeit
Funktion: Bestimmung und Veränderung der Körperposition und -bewegung im Raum (bzw. zu einem fest stehenden oder sich bewegenden Objekt).

Theorie

Trainingsgrundsätze

Leistungsbeeinflussende Faktoren

Leistungsbeeinflussende Faktoren im Sportschwimmen

- Wettkampfleistung
  - Technisch-koordinative Leistungsvoraussetzungen
    - Grad der Beherrschung der Sportschwimmarten, Starts und Wenden
    - Koordinative Fähigkeiten
      - Kopplungsfähigkeit
      - Differenzierungsfähigkeit
      - Umstellungsfähigkeit
      - Rhythmisierungsfähigkeit
      - Orientierungsfähigkeit
  - Konditionelle Leistungsvoraussetzungen
    - Maximalkraft
    - Kraftausdauer
    - Beweglichkeit
    - Schnellkraft
    - Kurz-, Mittel-, Langzeitausdauer
    - Schnelligkeit
    - Schnelligkeitsausdauer

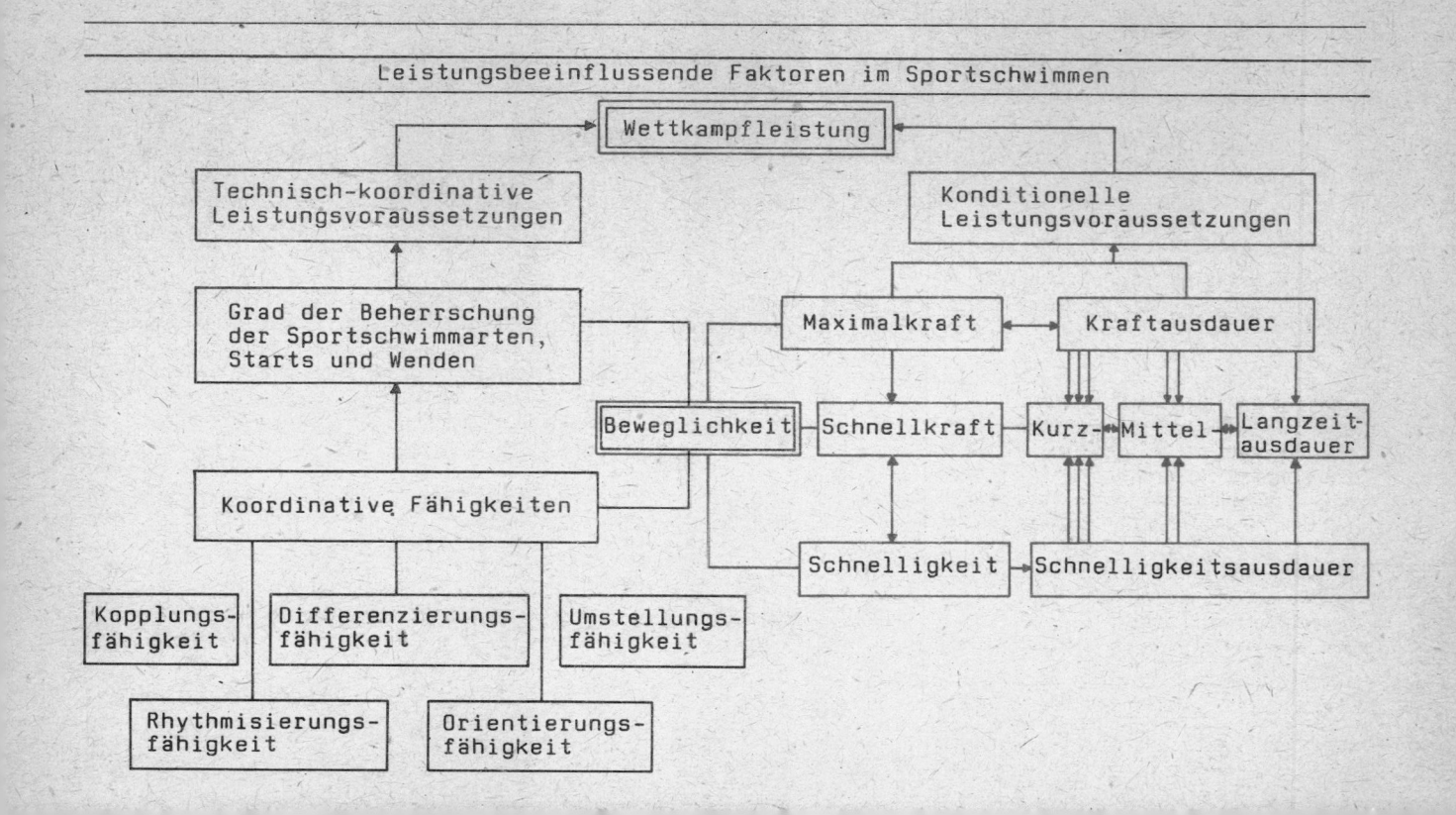

Karte 4

Trainingsgrundsätze

Trainingsanpassung, Belastungsgestaltung

Trainingsanpassung

Training wird im Bereich der Körperkultur als komplexer Prozeß angesehen. Hauptziel ist die planmäßige Steigerung der sportlichen Leistung. Das ist jedoch nur möglich, wenn die Persönlichkeit des Sportlers allseitig beeinflußt wird. Dabei dürfen nicht nur Wissen und Können vermittelt werden, sondern auch Zielstellungen wie Gesundheit, Wohlbefinden und Lebensfreude sind anzustreben.

Die sportliche Leistungsfähigkeit ist vor allem vom Leistungsvermögen und von der Leistungsbereitschaft der Sportler abhängig. Das Leistungsvermögen wird durch die motorischen Fähigkeiten, die sporttechnischen und taktischen Fertigkeiten, den kognitiven Entwicklungsstand sowie Kenntnisse und Erfahrungen bestimmt. Die Leistungsbereitschaft kennzeichnet die Einstellung des Sportlers zu den Anforderungen, die an ihn im Training und Wettkampf gestellt werden. Sie ist das Ergebnis der erzieherischen Einwirkungen auf den Sportler.

Der Übungsleiter muß die Wechselbeziehungen zwischen dem Leistungsvermögen und der Leistungsbereitschaft erkennen und sie für die Leistungssteigerung der Übenden nutzen. Die körperliche Leistungsfähigkeit wird durch entsprechende Trainingsmittel und -methoden verbessert. Sie nehmen Einfluß auf das Niveau der konditionellen und koordinativen Fähigkeiten sowie auf sportliche Fertigkeiten.

Im biologischen Sinn ist Training die systematische Anwendung funktioneller Reize von ansteigendem Maß.

Dadurch wird eine Wechselbeziehung zwischen der Form und der Funktion eines Organs herbeigeführt. Die organische Form bestimmt die Funktion. Umgekehrt hat die Funktion — also das Training — bildenden Einfluß auf die Organe.

Wenn ein Sportler längere Zeit ein Krafttraining ausübt, vergrößert sich der Umfang der entsprechenden Muskeln. Sie passen sich den veränderten Bedingungen an und streben ein Gleichgewicht an zwischen den Anforderungen des Trainings und dem Leistungsvermögen.

Alle Anpassungserscheinungen (Trainingsauswirkungen) kommen nur dann zustande, wenn entsprechende Belastungsreize vorhanden sind. Diese Anpassungsvorgänge sind nicht speicherbar, sie wirken nur, solange Trainingsreize vorhanden sind. Treten diese Reize nur noch abgeschwächt oder nicht mehr auf, ist eine Stagnation oder ein Rückgang der Trainingswirkung zu erwarten.

Belastungsgestaltung

Bei der Gestaltung des Trainings stellt die Trainingsbelastung eine zentrale Größe dar. Sie wird durch folgende Komponenten bestimmt:

Belastungsumfang
- Summe der zurückgelegten Strecken (km, m),
- bewältigte Lasten (kg),
- Anzahl der Wiederholungen.

Belastungsintensität
- Stärke einer Belastung in einer bestimmten Zeiteinheit.

Belastungsdichte
- zeitliches Verhältnis zwischen Belastung und Erholung (unvollständige und vollständige Erholungspause, aktive und passive Pausengestaltung).

Alle drei Komponenten sind im Trainingsprozeß als Einheit zu betrachten und anzuwenden.

Trainingsgrundsätze

Belastungsgestaltung, Belastungsprinzipien, Trainingsplanung

Beziehungen zwischen Belastung, Erholung und Anpassung
- Jede Belastung führt zu Veränderungen nur jener Organe und psychischer Prozesse, die an der Tätigkeit beteiligt sind. Diese Anpassung ist Grundlage der Leistungssteigerung.
- Optimale Anpassungen erfordern optimale Belastungsdosierungen, da Anpassungen erst in einer bestimmten Höhe der Belastung erfolgen.
- Bei einer richtigen Gestaltung des Verhältnisses zwischen Belastung und Erholung erfolgt eine Wiederherstellung über das Ausgangsniveau hinaus (Überkompensation).
- Nur bei wenig Trainierten kommt es sehr schnell zu einer Überkompensation und damit zu einem höheren Leistungsniveau. Dieser Prozeß dauert Wochen und Monate.
- Anpassungen bewirken nicht nur eine bessere sportliche Leistung, sondern auch eine höhere Belastungsverträglichkeit.

Belastungsprinzipien
Für die Vorbereitung und Durchführung der Übungs- und Trainingsstunden ist es notwendig, die Grundsätze zu beachten, die den Trainingsprozeß charakterisieren. Dazu gehören folgende Belastungsprinzipien:

Prinzip der ganzjährigen Belastung
Das Training wird ganzjährig ohne Pausen durchgeführt. Unterbrechungen bilden die trainingsbedingten Anpassungen zurück.

Prinzip der ansteigenden Belastung
Die Belastung der Sportler ist kontinuierlich zu erhöhen. Die Belastungserhöhung soll stufenförmig erfolgen.

Prinzip der Periodisierung und zyklischen Gestaltung der Belastung
Eine hohe sportliche Form ist nur über einen bestimmten Zeitraum zu halten, deshalb wird das Trainingsjahr in Perioden unterteilt (Vorbereitungsperiode – Wettkampfperiode – Übergangsperiode). Durch die Periodisierung wird gewährleistet, daß der Sportler seine Bestleistung zum Wettkampfhöhepunkt erreicht (vgl. Karte 5).

Der langfristige Aufbau des Trainings muß in festen Planungsstufen erfolgen. Der erste Schritt ist die Planung für das gesamte Wettkampfjahr.

Jahresplan
Der Jahresplan enthält die wichtigsten Angaben, die für die pädagogische und organisatorische Arbeit notwendig sind:
– die wichtigsten Wettkämpfe (Zeitpunkt, Gegner),
– Zeitdauer und Umfänge der Fähigkeitsausbildung, der technisch-taktischen Ausbildung und der Betätigung in anderen Sportarten (Anzahl der Übungsstunden),
– Training und Erfüllung der Bedingungen des Sportabzeichenprogramms,
– Höhepunkte in der gesellig-kulturellen Arbeit.

Für diesen Zeitraum des Trainings eignet sich am zweckmäßigsten ein vorgefertigter Rahmenplan.
Die Erfahrung zeigt, daß die Einteilung des Trainingsjahres in die verschiedenen Perioden (Vorbereitungsperiode, Wettkampfperiode, Übergangsperiode) für Sportler im Übungs-, Trainings- und Wettkampfbetrieb von Bedeutung ist. Das gilt um so mehr für Sportgruppen, die wöchentlich mehrmals trainieren.

Karte 5

Trainingsgrundsätze

Monatsplan
Wesentlich wichtiger für den Ablauf des Übungsprozesses ist die kurzfristige Planung. Die Zeitdauer eines Monats ist für den Übungsleiter gut überschaubar, er kennt für diesen Zeitraum die konkreten Aufgaben, die äußeren Bedingungen und die spezielle Situation seiner Übungsgruppe. Der Monatsplan sollte deshalb wesentlich genauere Angaben zum Inhalt der Übungsstunden, den vorwiegend verwendeten Methoden und den Entwicklungsaufgaben enthalten. Der Plan erfordert die Angaben von Einzelheiten der Trainingsgestaltung und wird am besten unmittelbar vor dem jeweiligen Abschnitt erstellt. Er muß enthalten:
– Ziel der Übungsstunden (Bildung und evtl. Erziehung),
– Stoffangebot (technische oder taktische Inhalte, Angaben zur Fähigkeitsentwicklung),
– methodische Hinweise (z. B. Übungsreihen, Test, Trainingswettkampf),
– Übungsstätte (Halle oder Freifläche),
– Wettkämpfe (genaue Angaben zum Charakter des Wettkampfes).

Stundenvorbereitung
Die Stundenvorbereitung ist der letzte Planungsabschnitt des Übungsleiters. Wenn jedoch bereits eine intensive Vorplanung erfolgte, dann beschränken sich die wichtigsten Planungsmaßnahmen auf die Vorbestimmung zur Übungsstunde, die Vorbereitung der materiell-technischen Bedingungen sowie die methodisch-organisatorische und erzieherische Ergänzung des bereits in der Monatsplanung enthaltenen Stundenentwurfs. Hierzu zählen vor allem:

Trainingsplanung

– Zielstellung der Übungsstunde (Bewegungsfähigkeiten, Fertigkeiten, Vermittlung von Kenntnissen, Erziehungsaufgaben),
– stoffliche Vorbereitung (Auswahl und Dosierung der Trainingsmittel, Belastungsfolge und Reihenfolge der Stoffdarbietung),
– methodische Gestaltung (Auswahl der Organisationformen, Ordnungsformen, Methoden des Übens und der Kenntnisvermittlung),
– Bereitstellung von Hilfsmitteln für das Training.

Vorbereitungen im Lose-Blatt-Verfahren oder auf Karteikarten können direkt in der Übungsstunde verwendet und danach abgeheftet werden. Sie sind gleichzeitig für die Nachbereitung der Übungsstunde vorzusehen. Die **Nachbereitung der Stunde** ist auf folgende Fragen zu beschränken:
– War die Auswahl des Stoffes zweckmäßig?
– Waren einzelne Teile der Übungsstunde richtig aufeinander abgestimmt?
– Entsprach die Belastungsintensität den Anforderungen?
– Haben sich die methodischen Formen und die Organisationsformen bewährt?
– War die Übungsstunde freudvoll und erlebnisreich?
– Welche erzieherischen Probleme traten auf?
– Was ist besonders für die nächste Übungsstunde zu berücksichtigen und zu beachten?

Zur Nachbereitung gehört auch die Auswertung der Wettkämpfe. Diese Aufbereitungsarbeiten dienen vor allem zum Feststellen des Wirkungsgrades des Trainings auf den einzelnen und ganze Kollektive. Der Übungsleiter sollte deshalb alle Einzelleistungen erfassen.

Theorie

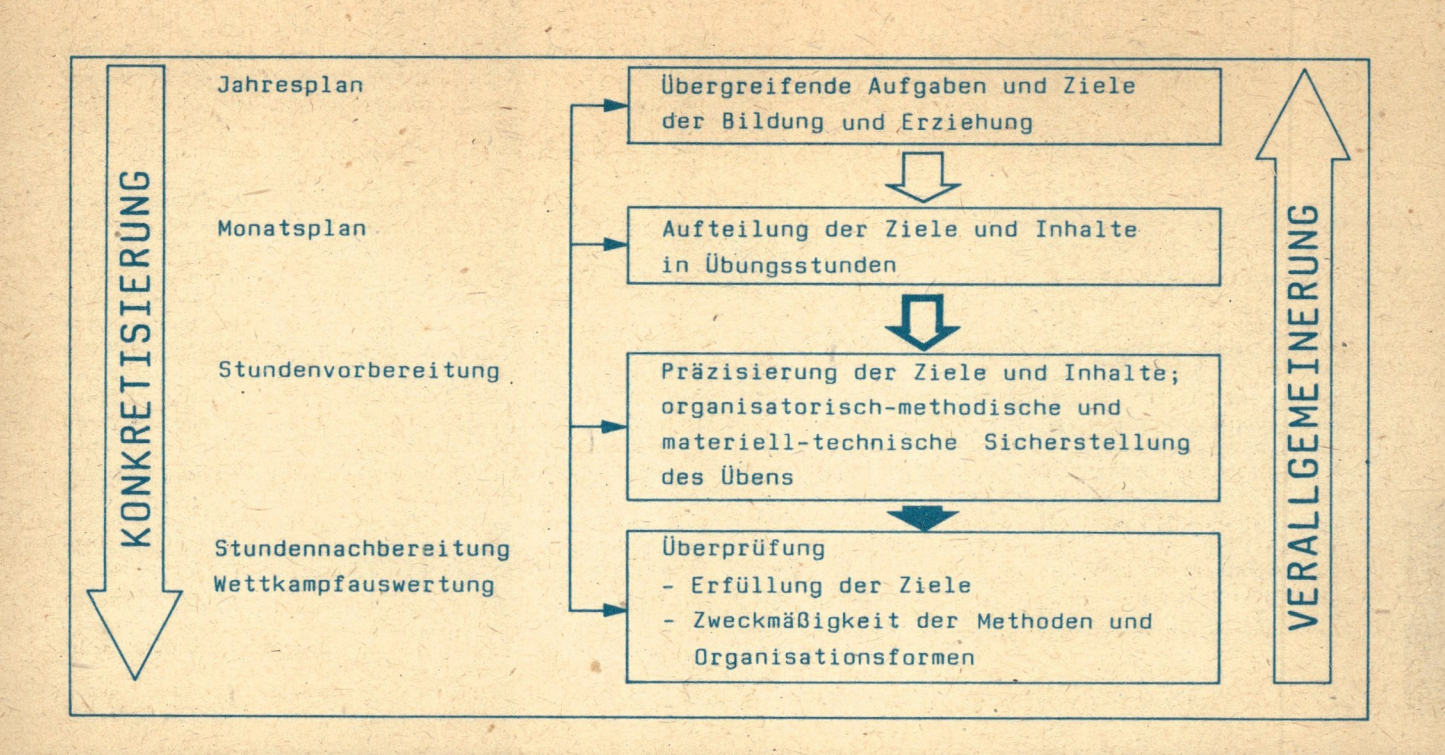

Trainingsgrundsätze   **Trainingsplanung**

Jahresplan	Übergreifende Aufgaben und Ziele der Bildung und Erziehung
Monatsplan	Aufteilung der Ziele und Inhalte in Übungsstunden
Stundenvorbereitung	Präzisierung der Ziele und Inhalte; organisatorisch-methodische und materiell-technische Sicherstellung des Übens
Stundennachbereitung Wettkampfauswertung	Überprüfung - Erfüllung der Ziele - Zweckmäßigkeit der Methoden und Organisationsformen

KONKRETISIERUNG ↓   VERALLGEMEINERUNG ↑

Karte 6

Trainingsgrundsätze

Das Trainingsjahr gliedert sich in die Vorbereitungsperiode, die Wettkampfperiode und die Übergangsperiode. Die Periodisierung richtet sich nach jeweiligen Wettkampfhöhepunkten. In den unteren Leistungsklassen sind es Kreis- bzw. Bezirksmeisterschaften oder Pokalwettkämpfe. Die Trainingsmittel und -methoden müssen so eingesetzt werden, daß der Sportler seine persönliche Bestleistung zum Wettkampfhöhepunkt erreicht.

Die Leistungsfähigkeit unterliegt periodischen Schwankungen, die durch natürliche Biorhythmen und verschiedene Umwelteinflüsse bedingt sind. Nach dem Aufbau der sportlichen Form (Bestleistung) im Jahresverlauf erfolgt ein zeitweiliger Leistungsrückgang.

Die Prozesse der Belastung und Ermüdung, Wiederherstellung und Anpassung verlaufen wellenförmig und nicht linear, wobei die Reaktionen der einzelnen Organsysteme und -funktionen nicht synchron verlaufen und der Trainingseffekt durch die Gesamtheit der Belastung entsteht.

Weiterhin ist zu beachten, daß qualitativ gleichartige Trainingsreize bei längerer Anwendung selbst bei Umfangssteigerungen an Wirkung verlieren. Einförmige Trainingsgestaltung führt zu psychischen Sättigungserscheinungen und unter bestimmten Umständen sogar zu Fehlbelastungen.

Eine wellenförmige Belastungsdynamik führt zu einer progressiven Entwicklung des Trainingszustandes und damit zu einer Leistungssteigerung insgesamt. Gleichzeitig verringert sich die Gefahr von Fehlbelastungen.

Für den Belastungsaufbau im Jahresverlauf sowie in den einzelnen Perioden und Abschnitten sollte folgende Orientierung beachtet werden:

Periodisierung

- Die wellenförmige Belastungsdynamik beginnt auf einem Grundniveau (beispielsweise 2 km in der Woche) und wird auf einen Umfang von 3 km in der Woche gesteigert. Dabei bleiben die anderen Belastungsfaktoren (Belastungsintensität und Belastungsdichte) im wesentlichen gleich.
- Danach (im Mittelteil der Belastungswelle) bleibt der Belastungsumfang etwa gleich hoch (im Beispiel 3 km in der Woche), und die anderen Belastungsfaktoren werden variiert, zum Beispiel Intensitätserhöhung bei verlängerten Intervallpausen.
- Im abschließenden Teil der Belastungswelle wird die Belastung wieder etwas zurückgenommen. Sie muß am Ende jedoch höher als das anfängliche Grundniveau sein.

Die gleiche Wellenförmigkeit der Belastung muß auch im Wochenverlauf erreicht werden, wenn mehrmals in der Woche trainiert wird.

Theorie

Trainingsgrundsätze

Periodisierung

Perioden	Funktion des Trainings	Trainingsinhalte	Besonderheiten der Perioden
Vorbereitungsperiode 1. Abschnitt	Schaffen der Grundlage für die Leistungsentwicklung, Erhöhen des Niveaus der funktionellen Möglichkeiten im Organismus	Vervollkommnung der motorischen Grundeigenschaften, allgemeine Ausdauer (Dauerlauf), Kraft (Übungen mit Gewichtsbelastungen), Gewandtheit (Sportspiele, Kleine Spiele, Turnen)	allmähliche Erhöhung des Umfangs und der Intensität, Akzent liegt auf Umfangssteigerung
2. Abschnitt	Erhöhung der speziellen Leistungsfähigkeit	Spezialübungen passen sich den Wettkampfübungen an Aufbauwettkämpfe zur Überprüfung der sportlichen Form als Trainingsmittel	Steigerung des Umfangs und der Intensität
3. Abschnitt	Vorbereitung der Wettkampfperiode – wettkampfnahes Training, technisch-taktische Ausbildung		Abnahme des allgemeinen Umfangs, weitere Steigerung der Intensität
Wettkampfperiode	Erreichen eines bestmöglichen Trainingszustandes, optimale Vervollkommnung der Technik, Umsetzen in sportliche Leistung	als Trainingsmittel dominierende spezielle Übungen, Wettkämpfe in der Spezialdisziplin	Senken des Umfangs der Belastung gegenüber der Vorbereitungsperiode, Steigerung der Intensität bis zur Höchstgrenze, Vergrößerung des Umfangs der Erholung
Übergangsperiode	aktive Erholung, Einstellen auf neue Trainings- und Wettkampfaufgaben	allgemeine Trainingsmittel, Wünsche der Sportler können berücksichtigt werden, dürfen aber nicht den Zielen der Ausbildung widersprechen	sportliches Können und Anpassungserscheinungen dürfen sich nicht zu stark zurückbilden

Anmerkung:
Die Wettkampfperiode kann in Abschnitte unterteilt werden: 1. Vorsaison, 2. Hauptsaison, 3. Nachsaison.

Karte 7

Trainingsgrundsätze

Die konditionellen Fähigkeiten bilden die Grundlage für gute sportliche Leistungen (s. Karte 2). Die Entwicklung dieser Fähigkeiten nimmt deshalb im Trainingsprozeß einen wichtigen Platz ein. Im Grundlagentraining werden die allgemeinen konditionellen Fähigkeiten (Kraft, Ausdauer, Schnelligkeit) herausgebildet. Später wird dann mit disziplintypischen wettkampfähnlichen Übungen die spezielle Kondition trainiert.
Konditionelle Fähigkeiten werden durch bewährte Trainingsmethoden entwickelt, die auf den Beziehungen von Belastung — Ermüdung — Erholung beruhen und so die Trainingswirkung hervorrufen. Entsprechend der Trainingsabsicht können diese Kriterien nach Intensität, Dauer und Wiederholungsanzahl variiert werden. In der Praxis werden für das Konditionstraining vor allem drei Belastungsmethoden angewendet.

Dauerleistungsmethode

Dauerleistungsmethode bedeutet, über längere Zeit ohne Pause zu trainieren. Die Trainingsintensität ist dabei relativ gering, der Trainingsumfang dagegen sehr hoch.
Die Übung wird entweder mit gleichbleibender Intensität sehr lange durchgehalten oder ohne Pausen sehr häufig wiederholt. Als typische Beispiele sollen der langsame Dauerlauf oder Seilspringen über längere Zeit genannt werden.
Physiologisch wird ein Sauerstoffgleichgewicht während des Übens erreicht, d. h., Sauerstoffaufnahme und -verbrauch sind gleich hoch. Sie dient dem Aufbau der aeroben und der Muskelausdauer. Die Dauerleistungsmethode wird vor allem im Grundlagentraining angewendet.

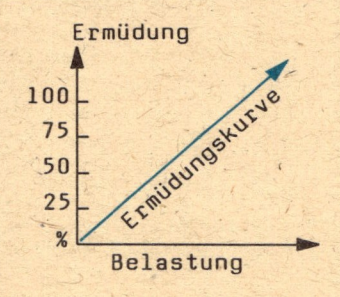

Belastungsmethoden zur Entwicklung der konditionellen Fähigkeiten

Intervallmethode

Bei der Intervallmethode herrscht der Wechsel zwischen planmäßiger Belastung und Entlastung vor. Die Pausen dienen jedoch nicht der vollständigen Erholung, denn die nächste Belastung setzt bereits ein, wenn eine Pulsfrequenz von 120 bis 130 Schlägen je Minute erreicht ist.

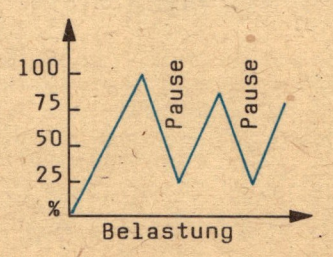

Trainingsgrundsätze

Belastungsmethoden zur Entwicklung der konditionellen Fähigkeiten

Die Belastungsintensität liegt beim Lauf zwischen 60 und 90 Prozent, die Belastungsdauer zwischen 10 und 80 Sekunden. Für das Krafttraining werden 50 bis 75 Prozent der Leistungsfähigkeit bei 6 bis 30 Wiederholungen angestrebt. Die Pausen richten sich nach der Beruhigungszeit der Herzfrequenz. Meist wird eine Zeitspanne von 45 bis 150 Sekunden eingesetzt. Intervalltraining wird für das Grundlagentraining, aber auch für die Verbesserung spezieller Fähigkeiten (z. B. Kraftausdauer) verwendet.

Wiederholungsmethode

Die Wiederholungsmethode erfordert eine hohe Belastungsintensität. Sie liegt zwischen 85 und 100 Prozent. Dadurch tritt eine starke Ermüdung ein, die nur eine kurzfristige Belastung erlaubt. Die erneute Belastung soll erst nach vollständiger Erholung erfolgen. Die hohe Beanspruchung durch die Wiederholungsmethode erfordert, daß nur Sportler mit längerer Trainingserfahrung diese Methode verwenden. Die Wiederholungsmethode ist geeignet, Maximalkraft, hohes Beschleunigungsvermögen und Schnellkraft herauszubilden.

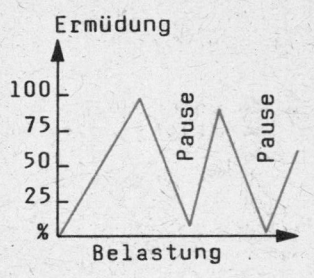

Karte 8

Trainingsgrundsätze

Lernphasen

Die Herausbildung sporttechnischer Fertigkeiten im motorischen Lernprozeß vollzieht sich in drei Phasen, deren wesentliche Merkmale der Übungsleiter kennen muß, um den Lernverlauf einschätzen und pädagogisch führen zu können. Das Wesen der einzelnen Phasen kommt zum Ausdruck in der Abfolge Erlernen – Vervollkommnen – Stabilisieren.

1. Phase: Entwicklung der Grobkoordination (Erlernen)
– Die Grundstruktur der Bewegung wird beherrscht. Die Bewegungsausführung ist störanfällig und gelingt nur bei voller Konzentration.
– Die Bewegungsökonomie ist gering. Die Bewegungshandlung wird mit überflüssigem, z. T. verkrampftem Krafteinsatz ausgeführt.
– Die Bewegungsvorstellung ist ungenau. Im Bewegungsablauf können Elemente auftreten, die zu früher erlernten gleichartigen Übungen gehören.

2. Phase: Entwicklung der Feinkoordination (Vervollkommnen)
– Die Übungsausführung entspricht weitgehend dem technischen Leitbild und kann bei gleichbleibenden Bedingungen mit annähernd gleichem Niveau wiederholt werden.
– Bei veränderten und erschwerten Bedingungen treten Störungen auf. Die erlernte Fertigkeit ist noch nicht wettkampffest.
– Der Sportler kann die über Auge, Ohr und Muskelrezeptoren aufgenommenen Empfindungen annähernd exakt wiedergeben.
– Es besteht die Gefahr, daß sich nach ersten Lernerfolgen

Motorisches Lernen

Oberflächlichkeit in der Bewegungsausführung einschleicht, die den weiteren Lernverlauf beeinträchtigt. Deshalb ist unbedingt auf korrekte Übungsausführung bei Wiederholungen zu achten.

3. Phase: Stabilisierung der Feinkoordination (Stabilisieren)
– Die erlernte Bewegungshandlung ist in verschiedenen Situationen bei gleichbleibender Leistung anwendbar.
– Die Bewegungsökonomie ist hoch. Die gedankliche Vorwegnahme und das Mitvollziehen wird dem Sportler scheinbar nicht mehr bewußt. Bei auftretenden Veränderungen kann sofort eine bewußte Steuerung eingeleitet werden.

Methoden zur Ausbildung der sportlichen Fertigkeiten

Darbietende Methode
Demonstration, Vorzeigen (Bildreihen, Tafelbilder), Vortragen (Zielangabe, Beschreiben).

Erarbeitende Methode
Unterrichtsgespräch, Üben (Entwickeln des Bewegungsempfindens), Helfen und Sichern, Korrekturen und Hinweise.

Aufgebende Methode
Beobachtungsaufgabe, selbständiges Üben (konkrete Aufgabenstellung und selbständiges Lösen).

Im Prozeß der Aneignung der sportlichen Fertigkeiten werden drei Phasen unterschieden, die nicht klar voneinander abgegrenzt sind:
– Erwerb des Grundablaufs in der Grobform,
– technische Vervollkommnung der Bewegung,
– Festigen und Anpassen an wechselnde Bedingungen.

Trainingsgrundsätze

Motorisches Lernen, didaktische Prinzipien

Konditionelle Fähigkeiten und sportliche Fertigkeiten sind als Einheit zu betrachten. Fertigkeiten können ohne entsprechende Entwicklung der Fähigkeiten nicht zu hohen sportlichen Leistungen führen. Ebenso können gut entwickelte Fähigkeiten bei ungenügend entwickelten Fertigkeiten keine guten Resultate erzeugen.

Didaktische Prinzipien
Sie sind Grundsätze von Bildung und Erziehung in der Übungsstunde. Für die Gestaltung des Trainingsprozesses sind die folgenden didaktischen Prinzipien bedeutsam.

Prinzip der Anschaulichkeit
Jeder Bewegungsablauf umfaßt räumliche, zeitliche und dynamische Komponenten. Das Sichtbarmachen der Bewegung beim Erlernen einer Übung ist wichtig. Die Wahrnehmung ist mit der gedanklichen Durchdringung zu verbinden.

Prinzip der Bewußtheit
Die Sportler müssen das Wesen und die Erscheinung des Trainingsprozesses erfassen, um aktiv, bewußt und schöpferisch tätig zu sein (gemeinsame Erarbeitung der Trainingsziele, Erfüllung von Hausaufgaben, Mitarbeit bei der Durchführung von Leistungskontrollen). Die führende Rolle des Übungsleiters und die bewußte eigenverantwortliche Tätigkeit der Sportler sind als Einheit zu betrachten.

Prinzip der Systematik
Dieses Prinzip ist bei der Vorbereitung und Gestaltung der Übungsstunde von Wichtigkeit. Beachten der Regeln eines systematischen Vorgehens – vom Bekannten zum Unbekannten, vom Leichten zum Schweren – bei der Auswahl der Körperübungen.

Prinzip der Faßlichkeit
Alterseigenschaften und -besonderheiten sowie die individuelle Leistungsfähigkeit der Sportler werden berücksichtigt. Die gestellten Anforderungen im Training (körperliche und geistige Leistungen sowie die Verhaltensweisen) müssen dem Entwicklungsstand der Sportler entsprechen.

Prinzip der Dauerhaftigkeit
Die erworbenen Fähigkeiten, Fertigkeiten und Kenntnisse sind dauerhaft zu erhalten, das bedeutet, daß sie in bestimmten Zeitabständen wiederholt werden.

Karte 9

Wettkampfbestimmungen

Innerhalb des Übungs-, Trainings- und Wettkampfbetriebes ist anzustreben, daß ein großer Teil der Übungsleiter eine Qualifikation als Wettkampfrichter besitzt. Sind Übungsleiter nicht im Besitz eines Wettkampfrichterausweises, so müssen sie als Grundvoraussetzung Kenntnis über die wesentlichsten Wettkampfbestimmungen besitzen. Hier werden nur ausgewählte Bestimmungen erläutert.

Startberechtigung

Am Übungs-, Trainings- und Wettkampfbetrieb Schwimmen können alle die DTSB-Mitglieder teilnehmen, die in der Sektion Schwimmen einer Betriebssportgemeinschaft (BSG), Hochschulsportgemeinschaft (HSG) oder Schulsportgemeinschaft (SSG) Startrecht besitzen. Das Startrecht erteilt die jeweilige Sportgemeinschaft, für die der Sportler startberechtigt sein wird. Notwendige Voraussetzungen zur Teilnahme an Training und Wettkampf sind die termingerechte Beitragszahlung sowie eine sportärztliche Untersuchung, die nicht mehr als 12 Monate zurückliegen darf.

Gaststartrecht kann erteilt werden, wenn
- ehemalige Leistungssportler trotz weiterer Zugehörigkeit zu ihrem Sportklub in einer anderen örtlichen Gemeinschaft aktiv werden wollen,
- der Sport in einem Fachgebiet betrieben werden soll, das in der Heimatsektion nicht vorhanden ist,
- sich ein Sportler durch beruflich bedingten Ortswechsel in einer an seinem Wohnsitz befindlichen Gemeinschaft sportlich betätigen will.

Grundsätzlich ist das Gaststartrecht vom zuständigen Bezirksfachausschuß (BFA) zu genehmigen.

Startberechtigung, Jugendschutzbestimmungen, Altersklassen

Wechselt ein Sportler zu einer neuen Sportgemeinschaft, so muß diese das Startrecht beim zuständigen BFA beantragen. Gleichzeitig tritt für den betreffenden Sportler eine Startsperre von 28 Tagen ein.
Eine Reduzierung auf 14 Tage Startsperre erfolgt bei
- protokollarischer Übereinstimmung zwischen den beiden Gemeinschaften,
- Wohnortwechsel,
- Delegierung in einen Sportklub bzw. Rückdelegierung,
- Delegierung aus einer SSG bzw. Rückdelegierung.

Starten Mitglieder des DSSV der DDR im Ausland, muß eine Startgenehmigung des DSSV der DDR vorliegen.

Jugendschutzbestimmungen/Altersklassen

Zum Schutz der Persönlichkeit von Kindern und Jugendlichen müssen folgende Bestimmungen beachtet werden:
1. Die Anzahl der Starts pro Tag wird beschränkt
- für AK 7–9 auf 4
- für AK 10–15 auf 4 ab 100-m-Strecken
2. Die Wassertemperatur muß für die AK 7–15 mindestens 16 °C betragen.
3. Es gibt eine Streckenlängenbegrenzung für folgende Altersklassen:

AK	Disziplin	Strecke
7/8	50-m-Strecken	
9	Schmetterling	50 m
	Lagen/Brust	100 m
	Rücken/Freistil	200 m
10	Schmetterling	100 m
	Brust/Lagen/Rücken	200 m
	Freistil	400 m

Wettkampfbestimmungen

Rechtsordnung, Disziplinarordnung, Wettkampfgericht

4. Veranstaltungen müssen für diese Altersklassen bis spätestens 22.00 Uhr beendet sein.
Die Altersklasseneinstufung ist mit den Daten der Schuljahre identisch – Sportler, die zwischen dem 1. 6. eines Jahres und dem 31. 5. des folgenden Jahres ein Lebensjahr vollenden, zählen zu der entsprechenden Altersklasse.
Ausnahmeregeln bestehen hinsichtlich der altersklassengebundenen Einteilung bei Staffeln. Dort wird die Altersklasseneinteilung aufgehoben:
- Staffeln für Herren mit mindestens 10 Teilnehmern,
- Staffeln für Damen mit 6 Teilnehmern,
- bei Vergleichskämpfen, bei DDR-, Bezirks- und Kreismeisterschaften, außer wenn die Wettkämpfe für eine bestimmte Altersklasse ausgeschrieben sind.

Rechtsordnung

Werden bei der Wettkampfdurchführung Verstöße gegen die Wettkampfbestimmungen erkannt, so können diese durch Einsprüche festgestellt werden. Verstöße können sein:
- Fehlentscheidungen einzelner Wettkampfrichter, außer Tatsachenentscheidungen des Schiedsrichters,
- Angabe falscher Tatsachen (Alter, Mitgliedschaft betreffend).

Ist ein Grund für einen Einspruch vor dem Wettkampf bekannt, so muß er vor Wettkampfbeginn geltend gemacht werden.
Werden Gründe erst während des Wettkampfes bekannt, kann ein Antrag auf Eröffnung eines Einspruchverfahrens gestellt werden. Der Einspruch ist dabei innerhalb von 30 min nach Bekanntwerden der Fehlentscheidung dem Schiedsrichter einzureichen. Dabei ist gleichzeitig eine Gebühr von 30,00 M zu entrichten. Über den Einspruch hat die für eine Veranstaltung gebildete Einspruchkommission zu entscheiden. Wird der Einspruch erst nach dem Wettkampf erhoben und wurde keine Einspruchkommission gebildet, so muß der Einspruch an die Rechtskommission des KFA oder BFA eingereicht werden. Dort muß innerhalb von 3 Wochen entschieden werden.

Disziplinarordnung

Werden Verstöße gegen die Sportdisziplin festgestellt, so kann es zur Festlegung folgender Disziplinarmaßnahmen kommen:
- Ermahnung,
- Ordnungsgebühren,
- Verweis,
- Startsperre,
- Funktionsentzug (befristet oder unbefristet),
- Ausschluß.

Außer den beiden erstgenannten werden die ausgesprochenen Disziplinarmaßnahmen ins Mitgliedsbuch eingetragen und können nach sechs Monaten von den zuständigen Rechtsinstanzen gelöscht werden.

Wettkampfgericht

Für die Durchführung von Wettkämpfen ist die Bereitstellung eines arbeitsfähigen Wettkampfgerichts unbedingte Voraussetzung. Für Veranstaltungen wie Meisterschaften, Spartakiaden oder Pokalwettkämpfe wird das Wettkampfgericht von zentralen Gremien – KFA, BFA oder Kommission Wettkampfrichter des DSSV der DDR – gestellt.

Karte 10

Wettkampfbestimmungen

In jeder Sektion Schwimmen sollte ein Stamm von Wettkampfrichtern vorhanden sein, der bei kleineren Wettkämpfen wie Einladungs-, Vergleichs- oder betrieblichen Wettkämpfen eingesetzt werden kann. Um für die Wettkampfrichterprüfung die notwendigen praktischen Erfahrungen zu sammeln, sollten in den Sportgemeinschaften interessierte Kinder und Jugendliche bereits zur Unterstützung der Kampfrichter eingesetzt werden. Die Prüfung als Wettkampfrichter kann erst nach Vollendung des 14. Lebensjahres erfolgen, allerdings dürfen Kinder ab 12 Jahren bereits als Zeitnehmer eingesetzt werden, sofern sie über die Fähigkeiten und Fertigkeiten zur Ausübung dieser Tätigkeit verfügen.

Für die Gruppe 2 der Wettkampfrichter sollte danach im Bereich des KFA oder BFA die Ausbildung der entsprechenden Interessenten erfolgen. Der dafür notwendige Lehrgang umfaßt mindestens 9 Stunden (2 Std. Allgemeine Bestimmungen, 2 Std. Rechts- und Disziplinarordnung sowie 5 Std. aus dem Fachgebiet Sportschwimmen). Der Lehrgang wird mit einer programmierten Prüfung abgeschlossen. Der Einsatz nach bestandener Prüfung in Gruppe 2 kann erfolgen als: Starter, Zielrichter, Wenderichter, Zeitnehmer, Schwimmrichter, Ansager, Startordner, Technischer Leiter, Protokollführer und -schreiber, Auswertung und Besetzung der Fehlstartleine.

In der Tabelle sind die Befugnisse der einzelnen Wettkampfrichter dargelegt.

Bei der Durchführung eines Wettkampfes ist zu beachten:
— Ein Wettkämpfer muß den Wettkampf auf der Bahn beenden, auf der er ihn begonnen hat.

Wettkampfgericht

Benennung	Funktion	Anzahl: FINA	DSSV
Schiedsrichter	unumschränkte Aufsicht und Kontrolle	1	2
Startordner	Zusammennehmen der Schwimmer vor Start	1	1
Starter	entscheidet über ordnungsgemäßen Verlauf des Starts	1	1
Zeitnehmerobmann	Einteilung der Zeitnehmer, Kontrollfunktion	1	1
Zeitnehmer	Kontrolle und Eintragung der Zeit	3/Bahn	1–3/Bahn
Zielrichterobmann	Einteilung der Zielrichter, Bestimmung der Wenderichter	1	1
Zielrichter	Bestimmung des Einlaufes	3/Bahn	5–7/Bahn
Wenderichter	Kontrolle der Ausführung der Wende	2/Bahn	1/Bahn
Schwimmrichter	Kontrolle der Ausführung entspr. den Bestimmungen über die jeweilige Schwimmart	2	2
Protokollführer	einwandfreie Führung des Protokolls	1	1 2 Schreib.
Ansager	Aufruf und Vorstellung der Sportler, Bekanntgabe von Ergebnissen	1	1

Theorie

Wettkampfbestimmungen

Wettkampfgericht, Wettkampfstrecken

- Schwimmer, die nicht unmittelbar am laufenden Wettkampf beteiligt sind, dürfen sich nicht im Wettkampfbecken aufhalten.
- Tritt ein Wettkämpfer zu einem gemeldeten Wettkampf nicht an oder beendet er ihn vorzeitig, so wird er von allen anderen am gleichen Tage stattfindenden Wettkämpfen ausgeschlossen. Ausnahmen davon bilden nachweisbare Gründe höherer Gewalt (Krankheit, Verletzung, Zugverspätung u. ä.).
- Für Staffelwettkämpfe ist dem Schiedsrichter die Reihenfolge der startenden Teilnehmer mit Geburtsdatum vor dem Start mitzuteilen. Änderungen sind sofort nach dem Wettkampf mitzuteilen.
- Wettkämpfe im Rahmen des DSSV der DDR dürfen auf 12,5-, $16\frac{2}{3}$-, 20-, 25-, $33\frac{1}{3}$- und 50-m-Bahnen durchgeführt werden. Überlaufrinnen an Start- und Wendenseiten dürfen für Rückenstart nicht benutzt werden.
- Der Start für Freistil-, Brust- und Schmetterlingsschwimmen erfolgt vom Block, für Rückenschwimmen nach Abstoß vom Beckenrand.
- 2 Fehlstarts sind möglich, wobei jeweils die Wettkämpfer ermahnt werden. Nach dem 2. Fehlstart wird jeder Schwimmer, der vor dem Startzeichen startet, disqualifiziert.

Wettkampfstrecken

Neben den im olympischen Programm und internationalen Meisterschaften ausgeschriebenen Wettkampfstrecken (Freistil: 50 m, 100 m, 200 m, 400 m, 800/1 500 m; Rücken-, Brust- und Schmetterlingsschwimmen: 100 m, 200 m; Lagenschwimmen: 200 und 400 m sowie Staffeln 4×100 m Freistil, 4×200 m Freistil, 4×100 m Lagen) werden im nationalen Vergleich und besonders im Übungs-, Trainings- und Wettkampfbetrieb noch andere Wettkampfstrecken in die Ausschreibungen aufgenommen.

Im Nachwuchsbereich gibt es eine Erweiterung bei allen Schwimmarten in den 50-m-Strecken, in manchen Fällen sogar 25-m-Strecken. Ebenso kann das Lagenschwimmen bei entsprechender materieller Voraussetzung (25-m-Bahnen) schon ab 100 m ins Wettkampfprogramm aufgenommen werden.

Einen besonderen Rang im Wettkampfprogramm des Übungs-, Trainings- und Wettkampfbetriebes nehmen die Pokalwettkämpfe ein. Es werden nur Staffeln geschwommen, und die Streckenlängen betragen jeweils 50 m. Ein Unterschied in der Leistungsdarstellung wird auch dahingehend berücksichtigt, daß in

Gruppe 1 alle Staffeln 8×50 m,
Gruppe 2 die Schwimmartenstaffeln 6×50 m
          und die Lagenstaffel 8×50 m,
Gruppe 3 alle Staffeln 4×50 m geschwommen werden.

Ähnliche Einteilungen gibt es beim Jugend- und Kinderpokal. Besonders in den letzten Jahren wurden Langstreckenwettbewerbe ins Wettkampfprogramm aufgenommen. Diese Wettkämpfe erfreuen sich zunehmender Beliebtheit.

Neben dem Meilenschwimmen (400-m-Strecke) sind unterschiedliche Streckenlängen ausgeschrieben, wie „Quer durch Köpenick" von 200, über 400, 1 100 bis 2 200 m; „Sundschwimmen" mit einer Streckenlänge von 2 315 m; „Saalfelder Stauseemeile" 400 m und Seemeile 1 852 m; Cossebauder Einzelzeitschwimmen mit 500 m Streckenlänge.

Karte 11

Veranstaltungen, Wettkämpfe

Der DSSV der DDR hat sich in den letzten Jahren zu einem der leistungsstärksten Verbände im Sportschwimmen entwickelt und sich international hohe Anerkennung verschafft. Diese guten Traditionen des DSSV sollen, ausgehend von den Erfahrungen des Leistungssports, weiter ausgebaut werden. Auch im ÜTW gilt es, immer besser Üben, Trainieren und Wettkampf aufeinander abzustimmen. Die Wettkampfergebnisse kennzeichnen die Qualitätsmerkmale im Prozeß des Übens und Trainierens. Sie geben Auskunft über das Erreichen individueller und besonders kollektiver Leistungsziele.

Wettkampfhöhepunkte im Übungs- und Trainingsbetrieb der Gemeinschaften stellen die Pokalwettbewerbe dar. An der Spitze steht der **Verbandspokal**, bei dem Gemeinschaften den Mannschaftsmeister ermitteln. Dieser Pokalwettbewerb gibt einen Überblick über das gesamte Leistungsniveau einer Sektion, da die Ergebnisse aller Altersklassen (weiblich 13 und jünger, 14/15, 16 bis Erwachsene; männlich 14 und jünger, 15/16, 17 bis Erwachsene) in Einzel- und Staffelwettbewerben über den Sieg entscheiden. Diese Wettkämpfe werden bis zur Verbandsliga ausgetragen.

FDGB-, Jugend- und Kinderpokale werden jährlich vergeben, die Teilnahme am Endkampf kann durch Qualifikation aus Vorkämpfen erreicht werden. Staffeln in allen vier Sportschwimmarten und einer Lagenstaffel (getrennt nach männlich und weiblich) sind Inhalt dieser Wettkampfarten.

Im Jahr 1985 wurde ein zusätzlicher Staffelwettkampf ins Leben gerufen, ein „Fernwettkampf für Altersschwimmer". An diesem Wettkampf sind Mitglieder von Sektionen Schwimmsport, aber auch Betriebsauswahlmannschaften, die nicht einer Sektion Schwimmsport angehören, startberechtigt. Teilnehmern an einer der drei Leistungsgruppen des FDGB-Pokals ist der Start bei dieser Form des Vergleichs nicht gestattet. Die Wettkampffolge umfaßt Staffeln zu je 4×50 m (getrennt nach Damen und Herren) in den Schwimmarten Rücken-, Brust und Freistil.

Weitere Wettkampfhöhepunkte für die Sportgemeinschaften sind die „Kleinen Meisterschaften" und das Verbandsfest. Für dieses 2jährlich stattfindende Fest qualifizieren sich die Besten der Sektionen für die Bezirksmannschaften, die in Einzel- und Staffelwettkämpfen gegeneinander antreten.

Neben den sportlichen Vergleichen finden besonders die kulturell-geselligen Veranstaltungen regen Zuspruch — Gelegenheit, die „Schwimmerfamilie" in ihren Traditionen und zukünftigen Plänen zusammenzuführen.

Vorbereitung und Durchführung von Wettkämpfen

Werden Wettkämpfe von Gemeinschaften vorbereitet und organisiert, so sind folgende Gesichtspunkte zu berücksichtigen:

- Wahl des Termins — sie sollte so erfolgen, daß die gewünschten teilnehmenden Gemeinschaften keine andere Wettkampfverpflichtung haben;
- Gestaltung der Wettkampffolge — neben den leistungsorientierten Wettkämpfen sollten volkssportliche oder andere Einlagen geplant werden;
- Gesamtablauf der Veranstaltung:
- Werbung für die Veranstaltung,
- Bereitstellung der Finanzen,
- Sicherung der Versorgung, des Transports und evtl. der Unterkünfte,

Veranstaltungen, Wettkämpfe

Vorbereitung und Durchführung

— Gewährleistung der medizinischen Betreuung,
— Gestaltung des Rahmenprogramms.
Es hat sich bewährt, Arbeitsgruppen für bestimmte Aufgabenbereiche zu bilden. Für einen kleineren Wettkampf reichen die Arbeitsgruppen Organisation, Wettkampf und Öffentlichkeitsarbeit aus. Aktivitäten der Arbeitsgruppe Wettkampf sind z. B.
1. Benennung bzw. Besetzung des Wettkampfbüros,
2. Meldeeröffnung,
3. Herrichten der Wettkampfstätte,
4. Geräteermittlung und -beschaffung,
5. Einladung des Wettkampfgerichts,
6. Benennen des Ordnerdienstes,
7. Ermittlung des Protokollbedarfs,
8. Kampfrichter- und Mannschaftsleitersitzung,
9. Trainings- und Einschwimmplan.
Ein zu planender Wettkampf beginnt mit der **Ausschreibung**, die mindestens 28 Tage vor Wettkampftermin bekanntgegeben sein muß. Unabhängig davon, um welche Art von Wettkämpfen es sich handelt, müssen in der Ausschreibung Aussagen über folgende Fakten enthalten sein:
— Art des Wettkampfes,
— Ort und Zeit des Wettkampfes,
— Wettkampffolge,
— allgemeine Bestimmungen (Einhaltung oder Spezifizierung der Wettkampfbestimmungen, Teilnahmeberechtigung, Altersklasseneinteilung, Wettkampfrichteranforderungen),
— Durchführungsbestimmungen (Hinweise zur Gruppeneinteilung, Sonderregelungen),
— Auszeichnungen (Urkunden, Pokale, Geschenke, Preise),
— Meldung (Meldeschluß, Meldeeröffnung, Anschrift),
— Organisation (Quartiere, Mannschaftsstärke, Ausweiskontrolle),
— Finanzen (Melde-/Reuegeld),
— Unterschrift und ggf. Genehmigungsvermerk.
In der Ausschreibung müssen Unstimmigkeiten in der Auslegung vermieden werden. Das betrifft vor allem Formulierungen zu Abweichungen von den Wettkampfbestimmungen, Sonderregelungen für Einlagen oder Wertungsverfahren.

Meldung
Auf vorgedruckten Meldekarten, die vom Übungsleiter vollständig und gut leserlich auszufüllen sind, erfolgt die Anmeldung für einen Wettkampf. Die Meldungen müssen bis zum Meldeschluß beim Veranstalter des betreffenden Wettkampfes vorliegen. Für Pokalwettkämpfe werden Mehrfachstartkarten ausgefüllt, auf deren Rückseite die Namen der an den Staffeln beteiligten Sportler aufzuführen sind.

Durchführung des Wettkampfes
Der Übungsleiter hat während des Wettkampfes vor allen Dingen Kontroll- und Betreuungsfunktionen zu übernehmen:
— optimales Einschwimmen seiner Sportler,
— rechtzeitiges Orientieren auf den entsprechenden Start,
— Festlegung der Reihenfolge bei den Staffelwettkämpfen,
— Einhalten der Wettkampfbestimmungen bei Mehrfachstarts von Kindern,
— Stoppen von Zwischen- oder Endzeiten.
Außerdem sollte er Wertungen über erreichte Leistungen vornehmen. Dabei stehen neben Einzelleistungen besonders die im Kollektiv erreichten Ergebnisse im Mittelpunkt.

Karte 12

Auszeichnungen — Schwimmabzeichen, Sportabzeichen

Schwimmabzeichen
Übungsleiter des DSSV der DDR mit der Qualifizierungsstufe II, III und IV sind berechtigt, die Bedingungen für den Erwerb des Schwimmabzeichens abzunehmen. Es sollte ihr Bestreben sein, den Nachweis von mindestens zwei Schwimmarten für das Erreichen der Leistungsstufen I, II und III durch den Sportler erbringen zu lassen.

Grundstufe
- Beliebiger Sprung ins tiefe Wasser, anschließend:
- 100 m schwimmen im tiefen Wasser in einer beliebigen Sportschwimmart, keine Zeitbegrenzung; Wechsel der Sportschwimmart ist erlaubt.

Leistungsstufe I
- Kopfsprung ins tiefe Wasser, anschließend:
- 100 m schwimmen im tiefen Waser in einer Sportschwimmart; keine Zeitbegrenzung,
- 50 m schwimmen im tiefen Wasser in einer zweiten Sportschwimmart, keine Zeitbegrenzung;

oder

- Kopfsprung ins tiefe Wasser, anschließend:
- 200 m schwimmen im tiefen Wasser in einer Sportschwimmart, keine Zeitbegrenzung.

Leistungsstufe II
- Kopfsprung ins tiefe Wasser, anschließend:
- 100 m schwimmen im tiefen Wasser in einer Sportschwimmart mit Zeitbegrenzung (s. Limitzeiten),
- 100 m schwimmen im tiefen Wasser in einer zweiten Sportschwimmart, keine Zeitbegrenzung;

oder

- Kopfsprung ins tiefe Wasser, anschließend:
- 400 m schwimmen im tiefen Wasser in einer beliebigen Sportschwimmart, mit Zeitbegrenzung (s. Limitzeiten); Wechsel der Sportschwimmart ist erlaubt.

Leistungsstufe III
- Startsprung ins tiefe Wasser, anschließend:
- 100 m schwimmen im tiefen Wasser in einer Sportschwimmart, mit Zeitbegrenzung (s. Limitzeiten),
- 100 m schwimmen im tiefen Wasser in einer zweiten Sportschwimmart, mit Zeitbegrenzung (s. Limitzeiten);

oder

- Startsprung ins tiefe Wasser, anschließend:
- 400 m schwimmen im tiefen Wasser in einer beliebigen Sportschwimmart, mit Zeitbegrenzung; Wechsel der Sportschwimmart ist erlaubt.

Die Limitzeiten für die Bedingungen der Leistungsstufen II und III sind für männlich, weiblich und einzelne Altersklassen differenziert; sie sind in „Schwimmsport", Mitteilungsblatt des DSSV der DDR Nr. 7/83 veröffentlicht.

Sportabzeichen „Bereit zur Arbeit und zur Verteidigung der Heimat"
In den Sportgemeinschaften ist die Abnahme der Bedingungen für das Sportabzeichen ein Punkt im Wettbewerbsprogramm, und die Übungsleiter sind gut beraten, die einzelnen Bedingungen in das Übungsgut der Trainingseinheiten mit aufzunehmen und die Abnahmeberechtigung zu erwerben. Schwimmen wird als Zusatzbedingung für die Sportabzeichen in Silber und Gold gefordert.

Bedingungen: Schwimmen (Zeit in Minuten)
Anlagen: Frei- oder Hallenbäder, Bäder an Gewässern

Auszeichnungen

Sportabzeichen, Sportklassifizierung

Ausführung: Dauerschwimmen, Schwimmart beliebig
Bewertung:

Altersklasse	Männlich und weiblich		
	1. Pkt.	2 Pkt.	3 Pkt.
II (10–13 J.)	5	10	15
III (14–18 J.)*/**	10	15	20
IV (19–34 J.)**	10	15	20
V (35–44 J.)	10	15	20
VI (45 J. u. älter)	5	10	15

* Bewerber der Altersklasse III müssen die Schwimmstufe nachweisen

** Bei allen angegebenen Zeiten der Altersklassen III und IV sind mindestens 200 Meter zurückzulegen.

Allgemeine athletische Übungen für den Erwerb des Sportabzeichens in Bronze sollten aus diesem Grund in Trainingseinheiten an Land eingeplant werden. Dabei sollte durch die Sektionen bzw. Übungsleiter gesichert werden, daß
– die Bedingungen für das Sportabzeichen fester Bestandteil der Übungsstunden werden,
– der jährliche Erwerb des Abzeichens erfolgt,
– über das Abzeichen in Bronze hinaus viele Sportler die Bedingungen für Silber und Gold erreichen können,
– die materiellen Bedingungen zum Üben geschaffen werden,
– die Verleihung der Abzeichen in würdiger Form vorgenommen wird.

Sportklassifizierung

Einen hohen Anreiz stellt für Sportler und Kampfrichter die Einstufung in eine der Leistungsklassen der Sportklassifizierung dar. Seit 1982 ist diese auf der Grundlage des Beschlusses des Präsidiums des Bundesvorstandes des DTSB der DDR vom 18. Juni 1980 vom DSSV der DDR neu erarbeitet worden.

Damit wird beabsichtigt, immer mehr Sportler zum regelmäßigen Üben und Trainieren zu gewinnen, ihre Leistungsergebnisse innerhalb des Verbandes anzuerkennen sowie Ansporn für die nächsthöheren Leistungsklassen zu geben.

Unterschieden werden die Stufen Meisterklasse, Leistungsklasse I, Leistungsklasse II, Leistungsklasse III, für die sowohl Wettkampfnormen als auch Vielseitigkeitsnormen, ausgedrückt im Nachweis über erreichte Bedingungen des Sportabzeichens, Grundlage für die Einstufung darstellen.

Die Einstufung muß bis jeweils zum 20. September für das vergangene Trainingsjahr durch die Sektionsleitung an
– das Präsidium für Meisterklasse und Leistungsklasse I,
– die Bezirksfachausschüsse für Leistungsklasse II,
– die Kreisfachausschüsse für Leistungsklasse III
eingereicht werden.

Die Erfüllung der Wettkampfnormen kann auf 50-m-, 33⅓-m- und 25-m-Bahnen nachgewiesen werden.

Auf jeden Fall muß das Wettkampfergebnis in einem von Kreisfachausschüssen, Bezirksfachausschüssen oder vom Präsidium bestätigten Wettkampf erreicht worden sein.

Die Normen für die unterschiedlichen Leistungsklassen sind veröffentlicht in: „Schwimmsport", Mitteilungsblatt des DSSV der DDR Nr. 2/82.

Karte 13

Gesetzliche Bestimmungen

Fürsorge- und Aufsichtspflicht, Badeordnung

Nicht nur beim Baden an öffentlichen Stränden oder durch Unachtsamkeit beim Aufenthalt an Gewässern kann es zu Unfällen kommen – auch beim organisierten Schwimmen gibt es Beispiele für Unfälle, z.T. mit tödlichem Ausgang. Sowohl im Schulschwimmen, beim Massensport sowie im Leistungssport führte unsachgemäßes Verhalten oder ungenügende Aufsicht zum Ertrinkungstod.
Deshalb sind Fürsorge und Aufsicht besonders beim Betreiben der Sportart Schwimmen oberstes Gebot für alle Lehrer, Übungsleiter und Trainer.
In der **Fürsorge- und Aufsichtsordnung** (Gesetzblatt Teil II, Nr. 5, vom 21.1.1966) wird deshalb auch auf die Verantwortung im Sinne der Vorbeugung hingewiesen. Sie gilt für alle Sportarten gleichermaßen.
Der Übungsleiter hat folgende Aufgaben vor oder während der Trainingsdurchführung zu gewährleisten:
- Erziehung der Sportler zur Selbständigkeit, zum Verantwortungsbewußtsein bei allen Handlungen innerhalb des Trainingsbetriebes,
- Befähigung der Sportler, Gefahren zu erkennen und entsprechend zu reagieren,
- bewußte Disziplin durchzusetzen, die die Grundlage für richtiges Verhalten garantiert,
- durch eigenes Verhalten Vorbildwirkung zu erzeugen,
- durch gute Vorbereitung, Durchführung und Kontrolle des Trainings sowohl geistigen, sittlichen, körperlichen und materiellen Schaden von seinen Sportlern abzuwenden.

Dabei ist der Übungsleiter (im Sinne des Gesetzes: Gruppenleiter) voll verantwortlich für die Sportler von Beginn des Betretens der Übungsstätte bis zum Verlassen des Objektes.

Für das Schwimmen gibt es darüber hinaus noch die **Anordnung über die Gewährleistung der Sicherheit in Schwimmbädern** (Gesetzblatt I, Nr. 5 vom 30.1.1984), die im Einvernehmen von Staatsorganen, DTSB, DRK, FDGB, FDJ, GST und DFD entstanden ist. Sie ist gültig für alle Hallen-, Freibäder, Bäder an Gewässern, die für die Nutzung für die Bevölkerung freigegeben sind. Sie regelt eindeutig die Verantwortlichkeiten der einzelnen Rechts- und Erziehungsträger. Danach sind Personen zur Aufsicht zu beauftragen, die im Besitz einer gültigen Wasserrettungsbefähigung (Rettungsschwimmer Stufe I oder II) sind. Sie dürfen während ihrer Aufsichtsführung keine anderen Arbeiten durchführen, d.h., ein Übungsleiter kann in diesem Fall mit seiner Trainingsgruppe trainieren, auch wenn er selbst nicht im Besitz einer Wasserrettungsbefähigung ist.
Die detailliertesten Angaben über Bestimmungen und das Verhalten beim Baden enthalten die **Badeordnung** (Gesetzblatt, Sonderdruck vom 23.3.1965) und die **Anweisung Nr. 8/85** zum Gesundheits- und Arbeitsschutz beim Schulsport.
In der Badeordnung ist festgelegt, daß ein Gruppenleiter (im DTSB Übungsleiter) nicht mehr als 20 Kinder gleichzeitig beaufsichtigen darf. Baderegeln im Sinne von Belehrungen über das Verhalten im Bad sind ebenfalls enthalten.
In der Anweisung 8/85, deren Geltungsbereich sich auch auf den Übungs-, Trainings- und Wettkampfbetrieb in den Sektionen der Schulsportgemeinschaften ausdehnt, sind als „Allgemeine Aufgaben der Lehrer und Übungsleiter" ähnliche Empfehlungen wie in der Fürsorge- und Aufsichtsordnung enthalten.

Theorie

Gesetzliche Bestimmungen

Besonders werden **Belehrungen** genannt, über deren Durchführung zweimal jährlich im Gruppenbuch Nachweis geführt werden muß. Nehmen die Sportler auch an Wettkämpfen teil, ist die Belehrung auf dieses Gebiet zu erweitern. Die Befähigung zur Ersten-Hilfe-Leistung ist vom Übungsleiter durch einen entsprechenden Lehrgang in Erster Hilfe (mindestens Breitenausbildung) zu erwerben.
Organisiert der Übungsleiter außerhalb von Schwimmbädern Training, Wettkampf oder Badeveranstaltungen, so muß er entweder selbst im Besitz eines gültigen Wasserrettungsscheines sein oder einen Rettungsschwimmer zu seiner Unterstützung hinzuziehen. In diesem Fall müssen sich beide ständig am Wasser befinden.
Sind Übungsleiter im Übungs-, Trainings- und Wettkampfbetrieb in Schulsportgemeinschaften eingesetzt, müssen sie die Qualifikationsstufe Rettungsschwimmer Stufe I besitzen und das 18. Lebensjahr vollendet haben. Außerdem ist in diesem Bereich die zulässige Höchstzahl je Gruppe auf 15 festgesetzt.
Die präzisierten Bedingungen zur Durchführung der Schwimmausbildung und des Trainings und die besonderen Anordnungen über Wassertemperatur, Dauer der Übungszeit sowie Übungseinschränkungen sind in der oben genannten Anweisung nachzulesen.
Im Übungs-, Trainings- und Wettkampfbetrieb der Sportgemeinschaften ist vor Beginn einer Trainingsteilnahme der Sportler durch den Übungsleiter folgendes zu fordern und durchzusetzen:
— Mitgliedschaft im DTSB der DDR,
— sportärztliche Untersuchung (jährlich zu wiederholen),

Andere Bestimmungen

— bei Kindern und Jugendlichen die schriftliche Erlaubnis der Erziehungsberechtigten,
— Belehrung über Verhalten bei Training und Wettkampf.
Eine weitere wichtige Aufgabe besteht für den Übungsleiter in einer ständig planvollen Vorbereitung jeder Trainingseinheit. Hierbei hat er den physischen und psychischen Leistungs- und Entwicklungsstand seiner Sportler zu berücksichtigen, um sie nicht zu überfordern, sondern im Sinne einer allseitigen Persönlichkeitsentwicklung zu bilden.

Karte 14

Einführung/Technik der Schwimmarten

Technikbeschreibung

Die Technik im Sportschwimmen dient der optimalen Umsetzung von körperlichen Fähigkeiten, besonders der Ausdauer. Nur eine optimale Ausbildung von Fähigkeiten und sportlicher Technik ermöglicht gute Leistungen.
Aus der immer besseren Nutzung der physikalischen Bedingungen des Wassers, Vorbildern aus der Natur unter Berücksichtigung des Regelwerkes haben sich vier Sportschwimmarten mit den jeweiligen Wenden und Starts herausgebildet. Nach dem leistungssportlichen Schwimmen besitzt der Übungs-, Trainings- und Wettkampfbetrieb den höchsten Anspruch an die Qualität der Technik. Die Fertigkeiten sind für die Anwendung in Training und Wettkampf bis zur Feinkoordination, wenn möglich bis zur variablen Verfügbarkeit, zu entwickeln.

Technik der Schwimmarten

Über die in der Urgesellschaft und im Altertum gebräuchlichen Schwimmarten gibt es nur wenig Überlieferungen. Es kann davon ausgegangen werden, daß bereits Wechselschlagtechniken und das Brustschwimmen bekannt waren.
Die Entwicklung des Brustschwimmens bis zum Seite- und Hand-über-Hand-Schwimmen am Anfang des 20. Jahrhunderts ließ den Weg zu den Wechselschlagschwimmarten erkennen.
Mit der Einführung des Kraul- (Healy, 1906) und Rückenkraulschwimmens (Hebner, 1912) waren drei der derzeitigen Wettkampftechniken im wesentlichen bekannt. Aus dem Bemühen heraus, die hemmenden Phasen der Brustschwimmtechnik zu überwinden, entstand 1935 die Schmetterlingstechnik mit Grätschbewegung der Beine.

Die zunehmend mit Delphinbewegung geschwommene Schmetterlingstechnik bedrohte das langsamere Brustschwimmen in seinem Bestand als Wettkampfschwimmart. Um dies zu verhindern, erfolgte 1953 laut FINA-Beschluß die Trennung von Brust- und Schmetterlingstechnik.
Über Jahrzehnte entwickelten sich die Techniken bis zu den derzeitigen Leitbildern, welche als Zielstellungen des leistungssportlichen Trainings stehen. Der Übungs-, Trainings- und Wettkampfbetrieb muß sich didaktisch modifiziert an diesem Leitbild orientieren.
Für einen effektiven Übungs-, Trainings- und Wettkampfbetrieb sind primär die Wechselschlagschwimmarten Rückenkraul- und Kraulschwimmen sowie die Gleichschlagschwimmarten Brust- und Schmetterlingsschwimmen zu erlernen bzw. zu vervollkommnen.
Bei der Gestaltung einer vielseitigen Ausbildung haben sich darüber hinaus Schwimmkombinationen bewährt.
Für den Ausbildungsbeginn empfehlen sich:
– Rückengleichschlagbewegung der Arme/Grätsche der Beine (RGl/Gr),
– Rückengleichschlagbewegung der Arme/Rückenkraulbeinbewegung (RGl/RBe).
Für den Vervollkommnungsprozeß und die Konditionierung sollten weitere Kombinationen, wie
– Brustarmbewegung/Delphinbewegung (BAr/DBe),
– Brustarmbewegung/Kraulbeinbewegung (BAr/KBe),
– Kraularmbewegung/Delphinbewegung (KAr/DBe),
– Schmetterlingsarmbewegung/Kraulbeinbewegung (SchmAr/KBe),
eingesetzt werden.

Technikbeschreibung

Einführung/Technik der Wenden und der Starts

Die Karten enthalten die Techniken der vier Sportschwimmarten in Bildausschnitten sowie die Technikbeschreibung mit verbalen Hinweisen. Für die Bewegungsabläufe der Schwimmkombinationen sind von den Einzelbewegungen der Sportschwimmarten Ableitungen zu treffen. Auf den Karten 32–35 sind Methoden zum Erlernen der Sportschwimmarten dargestellt.

Neben den zyklischen Bewegungen der Schwimmarten sind im Sportschwimmen auch azyklische Bewegungsabläufe notwendig. Um möglichst schnell eine für das Schwimmen günstige Körperlage mit hoher Anfangsgeschwindigkeit zu erreichen, sind Starts erforderlich. Da die Trainings- und Wettkampfstrecken in der Regel das Mehrfache der Bahnlänge betragen, müssen Richtungsänderungen um 180° in Form der Wenden ausgeführt werden.

Die Entwicklung der heute gebräuchlichen Wenden und Starts verlief, u. a. beeinflußt durch den fortschreitenden Bäderbau, in vielfältiger Weise. Bis zur Mitte der 60er Jahre vollzogen sich besonders in der Wendentechnik die entscheidenden Veränderungen. Die Klassifizierung der Wenden wird vorgenommen nach

– der Zugehörigkeit zu einer Schwimmart,
– der Lage von Kopf und Rumpf bei der Drehung,
– der Richtung, den Ebenen und Achsen der Drehbewegung.

Davon abgeleitet lassen sich hohe, flache und tiefe Wenden unterscheiden.

In der Praxis haben sich auch Zwischenformen herausgebildet. Für den Übungs-, Trainings- und Wettkampfbetrieb empfehlen sich die im leistungssportlichen Schwimmen ausgeführten Wenden zuzüglich einiger volkssportlicher Techniken. Das sich im Rückenkraulschwimmen die flache und die tiefe Rückenwende, im Kraulschwimmen die hohe seitliche und die tiefe Kraulwende, für das Brust- und Schmetterlingsschwimmen die hohe/seitliche Brust- bzw. Schmetterlingswende.

Im Lagenschwimmen erfolgt beim Wechsel vom Schmetterlings- zum Rückenkraulschwimmen eine hohe, beim Wechsel vom Rückenkraul- zum Brustschwimmen eine tiefe und beim Wechsel vom Brust- zum Kraulschwimmen eine hohe seitliche Wende.

Für die Schwimmarten Kraul-, Brust- und Schmetterlingsschwimmen erfolgt der Start vom Block als Streck-, Hock- und Bückstart mit Armschwung oder Greifhaltung, während der Start zum Rückenkraulschwimmen aus dem Wasser erfolgt.

Eine gute Technik der Starts und Wenden ist für das Training und besonders die Wettkämpfe unerläßlich. Dabei besitzen die Wenden gegenüber den Starts zusätzliche Bedeutung, da sie in einem Wettkampf mehrmals ausgeführt werden und weil für das pausenlose Durchschwimmen von längeren Strecken als Voraussetzung für eine effektive Ausdauerentwicklung die Wendentechnik optimal beherrscht werden muß. Analog zu den Schwimmarten werden auf den Karten die tiefen Wenden im Rückenkraul- und Kraulschwimmen sowie die hohe/seitliche Brust- und Schmetterlingswende sowie der Startsprung und der Rückenstart dargestellt.

Auf den Karten 36–40 sind Methoden zum Erlernen der Starts und Wenden dargestellt.

Karte 15

Technikbeschreibung   Rückenkraulschwimmen

Welle bilden!   **Knie unter Wasser!**

Füße einwärts drehen!   **Bewegung erfolgt aus dem Oberschenkel**

Blick auf die Füße (Welle)

Nicht sitzen!   **Wasser fassen!**

Technik

Finger geschlossen, nicht tellern!

Nicht wälzen!   **Arm ist gebeugt.**

Kleinen Finger am Oberschenkel vorbeiführen!

Lockeres Rückführen des Armes!   **Arm am Ohr vorbeiführen!**

Technikbeschreibung

Rückenkraulschwimmen – verbale Hinweise

Rückenkraul ist eine Wechselschlagschwimmart. Arme und Beine führen alternierende Bewegungen aus. Der Körper befindet sich in Gleitbootlage. Die Hüfte liegt dabei tiefer als die Schulter. Der Blick ist auf die Füße gerichtet.

Die **Beine** werden pausenlos wechselseitig auf- und abwärts bewegt. Der Kraftimpuls verläuft von den Hüften über Oberschenkel, wird aber locker gehalten. Beim Aufwärtsschlag sind die Zehen leicht nach innen gedreht, beim Abwärtsschlag gerade. Die Knie dürfen die Wasseroberfläche nicht durchbrechen. Die Bewegungsamplitude beträgt bei Kindern etwa 30 cm, bei Erwachsenen bis zu 60 cm.

Die **Arme** werden pausenlos wechselseitig neben dem Körper bewegt. Der Arm taucht seitlich vom Kopf gestreckt in das Wasser ein. Nach sofortigem Wasserfassen wird er annähernd geradlinig neben dem Körper bis zum Oberschenkel durch das Wasser gezogen. In Schulterhöhe ist der Ellbogen am stärksten gebeugt (etwa 90°) und streckt sich nach dem Oberschenkel hin wieder. Der stärkste Krafteinsatz erfolgt ansteigend in der zweiten Hälfte der Unterwasserphase. Die flache Hand drückt mit geschlossenen Fingern im rechten Winkel zur Vortriebsrichtung gegen das Wasser. Nachdem die Hand am Oberschenkel das Wasser verlassen hat, wird der gestreckte Arm entspannt nahezu parallel zur Körperlängsachse über Wasser zurückgeführt.

Die Atmung ist in jeder Phase der Bewegung möglich. Aus diesem Grund ist besonders auf regelmäßige Atmung (2er- oder 3er-Atmung) zu achten, d. h. die Einatmung auf einen Arm zu konzentrieren.

In der Gesamtbewegung sind einem Armzyklus sechs Beinschläge zuzuordnen.

1 nicht sitzen, Gesäß zur Wasseroberfläche
2 Schultern hoch
3 nicht schaukeln
4 nicht drehen
5 Körper gerade
6 Blick zu den Zehen
7 Kopf bleibt ruhig und entspannt, nicht zur Seite drehen
8 Oberschenkel mit bewegen
9 Knie unter Wasser, nicht zu stark beugen
10 lockeres Fußgelenk, Zehen lang, nicht radfahren
11 Onkelstellung beim Aufwärtsschlag
12 Zehen durchstoßen Wasseroberfläche, Welle bilden
13 runde Bewegungen der Beine, nicht nur zittern
14 pausenlose Bewegung der Arme
15 Arme immer wechselseitig führen
16 kräftig durchziehen, kleiner Finger am Oberschenkel vorbei
17 letzten Abdruck betonen, nicht zu tief ziehen
18 den Widerstand suchen, nicht ausweichen, nicht schneiden, nicht tellern
19 Finger zusammen, Handfläche gerade
20 Armeinsatz gestreckt, Oberarm dicht am Ohr vorbei
21 regelmäßig atmen
22 Atmungsarm festlegen
23 kräftig und vollständig ausatmen
24 6 Beinschläge auf einen Armzug

Karte 16

Technikbeschreibung   **Kraulschwimmen**

Lockere Fußgelenke, Zehen lang!

Runde Bewegungen!

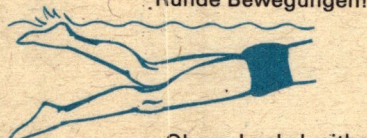

Oberschenkel mitbewegen!

Daumen am Oberschenkel vorbei!

Arme wechselseitig führen!

Jetzt einatmen!

Nur Kopf zur Seite drehen!

Arme locker nach vorn schwingen!

Hände ziehen unter dem Körper

Ausatmen – unter Wasser, lang und vollständig!

Hüfte fest stellen – Gesäß unter Wasser drücken!

Schulter hoch und gerade – Gleitbootlage

Augen in Höhe der Wasseroberfläche!

Technik

Technikbeschreibung

Kraulschwimmen – verbale Hinweise

Kraulschwimmen ist eine Wechselschlagschwimmart. Arme und Beine führen alternierende Bewegungen aus. Der Körper befindet sich in Gleitbootlage (Hüfte tiefer als Schulter).

Der Kraftimpuls der **Beine** verläuft von den Hüften über Oberschenkel und Kniegelenk bis zu den Füßen. Das Fußgelenk ist gestreckt, wird aber locker gehalten. Beim Abwärtsschlag sind die Zehen leicht nach innen gedreht, beim Aufwärtsschlag gerade. Die Hüfte bleibt während dieser Bewegung waagerecht und stabilisiert im Wasser liegen.

Die **Arme** werden pausenlos wechselseitig bewegt. Die Hand des nahezu gestreckten Armes taucht weit vor dem Kopf mit den Fingerspitzen zuerst in das Wasser ein. Sie wird annähernd geradlinig unter dem Körper bis zum Oberschenkel durch das Wasser gezogen und geht dem weiter vorn befindlichen Ellbogen in der Bewegung voraus.

Unter Wasser wird der Arm im Ellbogen gebeugt (etwa 90°). Der Krafteinsatz ist ansteigend und erreicht im letzten Drittel der Unterwasserphase seinen Höhepunkt. Die flache Hand drückt dabei mit geschlossenen Fingern im rechten Winkel zur Vortriebsrichtung gegen das Wasser. Nachdem die Hand am Oberschenkel das Wasser verlassen hat, wird der Arm seitlich am Körper locker und entspannt nach vorn geschwungen. Der Ellbogen ist dabei der höchste Punkt.

Am Ende der Abdruckbewegung wird schnell und tief durch den Mund eingeatmet. Dabei wird nur der Kopf zur Seite gedreht; die Schultern bleiben waagerecht. Das Gesicht wird danach sofort zurück ins Wasser gedreht, und es wird lang und vollständig durch Mund und Nase ausgeatmet (2er- oder 3er-Atmung). In der Gesamtbewegung sind einem Armzyklus sechs Beinschläge zuzuordnen.

1 Schultern hoch und gerade (Gleitbootlage)
2 nicht schaukeln, nicht drehen
3 Körper gerade, Hüfte fest stellen
4 Gesäß unter Wasser
5 Augen in Höhe der Wasseroberfläche
6 Gesicht aufs Wasser legen
7 Beinbewegung wie bei Rückenkraul, aber in Brustlage
8 lockeres Fußgelenk, Zehen lang, nicht radfahren
9 Onkelstellung beim Abwärtsschlag
10 nur die Fußsohlen durchbrechen die Wasseroberfläche
11 Oberschenkel mit bewegen
12 runde Bewegungen, nicht zu groß, nicht zittern
13 pausenlose Bewegung der Arme
14 Arme immer wechselseitig führen
15 kräftig und lang durchziehen, Daumen am Oberschenkel vorbei, letzten Abdruck betonen
16 Arm im Ellbogen gebeugt
17 den Widerstand suchen, nicht schneiden, nicht tellern
18 den gebeugten Arm locker und weit nach vorn schwingen, vor dem Kopf einsetzen
19 Finger zusammen, Handflächen gerade
20 einatmen – kurz und tief, wenn die Hand am Oberschenkel vorbeigeführt wird
21 nur Kopf zur Seite drehen, dabei Schultern waagerecht lassen
22 ausatmen – unter Wasser, lang und vollständig
23 nach jeder Seite atmen (Dreieratmung)
24 sechs Beinschläge auf einen Armzug

Karte 17

Technikbeschreibung

Brustschwimmen

Zehen nach außen und zum Knie bringen!

Mit den Fußsohlen vom Wasser abdrücken!

Fersen gleichzeitig zum Gesäß ziehen!

Beim Durchziehen Arme beugen!

Knie zusammen!

Ellbogen nicht hinter die Schulter ziehen!

Halbkreisförmig ziehen!

Ein Bein wie das andere bewegen!

Jetzt einatmen!

Hüfte fest stellen!

Gesäß unter Wasser drücken!

Blick geradeaus!

Unterschenkel schnell und kräftig nach hinten schlagen!

Technik

Technikbeschreibung

Brustschwimmen – verbale Hinweise

Das Brustschwimmen ist eine Gleichschlagschwimmart, Arme und Beine führen symmetrische Bewegungen aus. Der Körper nimmt die Gleitbootlage ein. Die Hüfte liegt dabei tiefer als die Schulter.

Die **Beine** werden gleichzeitig in bestmöglicher horizontaler Linie bewegt. Der Kraftimpuls kommt aus einer gleichzeitigen Schlagbewegung von Unterschenkeln und Füßen. Dafür werden die Füße bei enger Kniehaltung in Richtung Gesäß geführt. Im letzten Teil der Bewegung werden die Unterschenkel gegrätscht und die Zehen nach außen gedreht. Unterschenkel und Fußsohlen stehen annähernd senkrecht. Aus dieser Ausgangsstellung werden die Unterschenkel schnellkräftig nach hinten geschlagen. Dabei strecken sich die Füße bei aktivem Abdruck der Fußsohlen.

Der **Armzug** erfolgt schnellkräftig in Richtung nach außen und unten-hinten. Bevor die Oberarme die Höhe der Schultern erreichen, werden Hände und Unterarme nach innen geführt, bis sie sich unterhalb des Kinns fast berühren. Dabei wird die „Ellbogen-vorn-Haltung" angestrebt. Es folgt ein schnelles Strecken der Arme mit Nachvornschieben der Schultern.

Während die Hände und Unterarme nach innen geführt werden, wird schnell und tief durch den Mund eingeatmet. Dabei wird nur der Kopf leicht angehoben. Beim Strecken der Arme wird das Gesicht aufs Wasser gelegt, und es wird lang und vollständig durch Mund und Nase ausgeatmet.

In der Gesamtbewegung wird jeder Armbewegung eine Beinbewegung zugeordnet. Wenn die Hände und Unterarme nach innen geführt werden, beginnt das Anziehen der Beine. In das Strecken der Arme erfolgt der Unterschenkelschlag.

1 Schultern waagerecht
2 Körper gerade, Hüfte fest stellen
3 Gesäß unter Wasser drücken
4 Blick geradeaus, Augen über der Wasseroberfläche
5 bewege ein Bein genau wie das andere
6 ziehe die Fersen gleichzeitig zum Gesäß, nicht ruckhaft
7 Knie nicht unter den Bauch ziehen
8 Zehen nach außen
9 Zehen zum Knie
10 Knie zusammen
11 Unterschenkel schnell und kräftig nach hinten schlagen
12 mit den Fußsohlen vom Wasser abdrücken
13 Beine völlig strecken
14 Beine halbkreisförmig ziehen
15 beim Durchziehen Arme beugen
16 Ellbogen nicht hinter die Schulterlinie ziehen
17 Handflächen gerade, Finger zusammen
18 Hände seitlich nach hinten unten ziehen
19 keine Pause, wenn sich die Arme unter dem Körper befinden
20 Arme vollständig strecken, Schultern mit nach vorn schieben
21 aktives Einatmen, wenn die Arme unter dem Körper zusammengeführt werden
22 beim Strecken der Arme vollständig in das Wasser ausatmen
23 Beinschlag, wenn sich die Arme strecken
24 im letzten Teil des Armzuges die Beine anziehen

Karte 18

Technikbeschreibung

Schmetterlingsschwimmen

Technik

Nicht aus dem Kniegelenk schlagen!

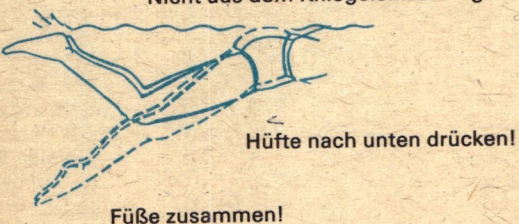

Hüfte nach unten drücken!

Füße zusammen!

Arme locker und weit nach vorn schwingen!

In Schulterbreite einsetzen!

Kräftig und geradlinig bis zum Oberschenkel durchziehen!

In das Wasser ausatmen!

Einatmen beim letzten Abdruck! Jetzt einatmen!

Daumen am Oberschenkel vorbei!

Technikbeschreibung

Schmetterlingsschwimmen – verbale Hinweise

Schmetterlingsschwimmen ist eine Gleichschlagschwimmart. Der Körper führt eine schlängelnde Bewegung aus. Die Hüfte liegt dabei tiefer als die Schulter.

Der Kraftimpuls der **Beine** verläuft von der Lendenwirbelsäule über die Hüftgelenke, die Oberschenkel und Kniegelenke bis zu den Füßen. Das Fußgelenk ist gestreckt, wird aber locker gehalten. Beim Abwärtsschlag sind die Zehen leicht nach innen gedreht – beim Aufwärtsschlag gerade.

Die **Arme** tauchen weit vor dem Kopf mit den Händen zuerst in Schulterbreite ein. Sie werden in einer Doppel-S-Form unter dem Körper bis zum Oberschenkel durch das Wasser gezogen. Die Beugung im Ellbogengelenk bis etwa 90°. Der Krafteinsatz ist ansteigend und erreicht im letzten Drittel der Unterwasserphase seinen Höhepunkt. Die flachen Hände drücken dabei im rechten Winkel zur Vortriebsrichtung gegen das Wasser (Finger geschlossen). Nachdem die Hände am Oberschenkel das Wasser verlassen haben, werden die Arme fast gestreckt seitlich vom Körper aktiv, aber entspannt nach vorn geschwungen (Handrücken nach vorn).

Im letzten Drittel der Unterwasserphase wird schnell und tief durch den Mund eingeatmet. Dabei wird der Kopf leicht angehoben. Die Schultern bleiben waagerecht. Verlassen die Arme das Wasser, wird das Gesicht sofort zurück ins Wasser gedreht, und es wird lang und vollständig durch Mund und Nase ausgeatmet (1er- oder 2er-Atmung).

In der Gesamtbewegung sind einem Armzyklus zwei Delphinbewegungen zuzuordnen: der erste Abwärtsschlag beim Eintauchen der Arme, der zweite zum Ende der Unterwasserphase. Die Koordination muß fließend sein. Keine Pause am Oberschenkel.

1 Schultern waagerecht
2 Hüfte tiefer als Schulter
3 Gesäß unter Wasser drücken
4 Blick geradeaus
5 Kinn beim Einatmen nach vorn schieben, danach Gesicht ins Wasser
6 Füße zusammen, Knie etwas auseinander
7 Beine schlagen gleichzeitig
8 Hüfte nach unten drücken, dann folgen Ober- und Unterschenkel
9 nicht aus dem Kniegelenk schlagen
10 Zehen lang, aber locker
11 nicht gegen das Wasser treten
12 pausenlose Bewegung der Arme
13 kräftig und geradlinig bis zum Oberschenkel ziehen
14 Daumen am Oberschenkel vorbei
15 nicht schneiden, nicht tellern
16 Widerstand suchen
17 Finger zusammen
18 Arme symmetrisch locker nach vorn schwingen, Handrücken nach vorn
19 weit nach vorn greifen
20 in Schulterbreite einsetzen
21 beim Vorschwingen Ellbogen höher als die Hand
22 einatmen beim letzten Abdruck
23 vollständiges Ausatmen in das Wasser
24 zwei Beinschläge auf einen Armzug
25 erster Abwärtsschlag, wenn Arme vorn einsetzen
26 zweiter Abwärtsschlag, kurz bevor die Arme das Wasser verlassen

Karte 19

Technikbeschreibung

Startsprung

Arme seitlich halten!

Beuge deine Hüft- und Kniegelenke!

Zehen um die Kante krallen!

Mit ganzer Kraft abspringen!

Kräftiges Strecken des Körpers und Nach-vorn-Reißen der Arme zur gleichen Zeit.

Körper gestreckt!

Kopf zwischen die Arme!

Flach eintauchen!

Kurzes Gleiten vor dem Einsetzen der Beinbewegung!

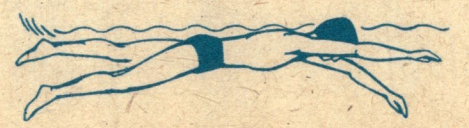

Zuerst setzt die Beinbewegung ein.

Technik

Technikbeschreibung

Startsprung – verbale Hinweise

Gestartet wird vom Block. Die Füße sind etwa hüftbreit auseinander, die Zehen krallen sich um die vordere Kante des Startblockes. Knie- und Hüftgelenk sind gebeugt, und der Oberkörper wird in der Ausgangsstellung so nach vorn gebracht, daß der Körperschwerpunkt über den Fußballen liegt. Blick nach vorn, Arme seitlich neben dem Körper.

Nach dem Startkommando erfolgt eine kleine kreisförmige Ausholbewegung der Arme. Im hintersten Punkt der Ausholbewegung lösen sich die Fersen vom Startblock, wobei der Kopf weiter nach vorn genommen wird. Der Körperschwerpunkt befindet sich jetzt vor den Zehen, und der Körper wird noch stärker in den Hüftgelenken gebeugt. Mit dem Anheben des Kopfes erfolgt die Streckung des Rückens und Hüftgelenks. Bei weiterem Nachvornreißen der Arme folgt die Streckung im Knie- und Fußgelenk. Die Unterbrechung der Kopf- und Armbewegung überträgt sich als Impuls auf die Vorwärtsbewegung des Körpers. Mit dem letzten Abdruck der Füße löst sich der Körper schnellkräftig vom Block. Der Absprungwinkel beträgt etwa 25°.

In der Flugphase ist der Körper vollkommen gestreckt. Die Arme sind nach vorn gerichtet, und der Kopf befindet sich zwischen ihnen.

Während des gesamten Eintauchens ist der Körper vollkommen gestreckt. Der Eintauchwinkel beträgt etwa 20°.

Während des Eintauchens übernehmen Kopf und Hände die Steuerfunktion des Körpers. Die Gleitphase zeigt einen flachen Bogen vollständig unter Wasser und wird durch Handanstellen und Kopf-in-den-Nacken-Nehmen begünstigt. Beim Kraul- und Schmetterlingsschwimmen setzen die Beine ein, beim Brustschwimmen schließt sich ein Tauchzug an.

1 beuge dein Hüft- und Kniegelenk – aber nicht zu stark
2 Arme seitlich halten
3 Blick nach vorn
4 Zehen um die Kante krallen
5 Füße hüftbreit auseinander
6 konzentriere dich auf das Kommando
7 kleine Ausholbewegung mit den Armen nach dem Startkommando
8 kräftiges Strecken des Körpers und Nachvornreißen der Arme zur gleichen Zeit
9 mit ganzer Kraft abspringen
10 weit nach vorn springen
11 völlig strecken
12 Körper in der Flugphase gestreckt
13 Knie und Hüfte in der Luft nicht einknicken
14 Kopf zwischen die Arme
15 Hände fast zusammen
16 flach und weit vorn eintauchen
17 auch beim Eintauchen gestreckt bleiben
18 Gleiten unter Wasser, bis die Gleitgeschwindigkeit der Schwimmgeschwindigkeit entspricht
19 zuerst setzt die Beinbewegung ein, danach die Armbewegung (nur bei Kraul- und Schmetterling)
20 ein Tauchzug bis zum Oberschenkel und mit dem Beinschlag zur Oberfläche (nur bei Brust)
21 durch Kopfheben und Handanstellen gelangt der Körper schneller zur Wasseroberfläche

Karte 20

Technikbeschreibung

Rückenstart

Der Blick ist zur Wand gerichtet.

Kräftiges Abspringen mit Nach-hinten-Reißen der Arme.

Füße haben festen Halt an der Wand.

Hüfte nach oben bringen!

Der Körper ist gestreckt.

Tauche mit beiden Armen zuerst in das Wasser ein!

Flach eintauchen!

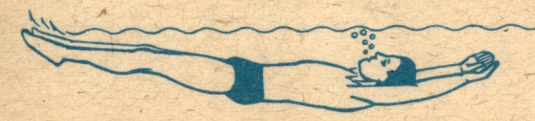

Nach der Wasseroberfläche orientieren!

Zuerst setzt die Beinbewegung ein – danach die Armbewegung!

Die Arme setzen nacheinander ein – kein Doppelarmzug!

Technik

Technikbeschreibung

Rückenstart – verbale Hinweise

Die Ausgangsstellung wird an der Beckenwand eingenommen. Die Hände fassen die Startvorrichtung. Die Füße haben unter Wasser ungefähr in Hüftbreite festen Halt an der Beckenwand.

Auf das Startkommando erfolgt der schnellkräftige Absprung. Die Arme werden dabei nach einer kleinen Auftaktbewegung über den Kopf oder seitlich nach hinten gerissen. Gleichzeitig erfolgen das Zurückführen des Kopfes, die explosive Streckung im Hüft-, Knie- und Fußgelenk und die Einatmung.

Wenn die Arme an den Schultern vorbeikommen, werden der Kopf noch weiter nach hinten genommen und die Hüfte aktiv nach oben gebracht, damit eine Überstreckung des Körpers erreicht wird. Die Füße verlassen die Wand nach einer betonten Fußgelenkstreckung, während sich die Arme in Verlängerung des Körpers befinden. Der Absprungwinkel beträgt etwa 20°. Der gesamte Körper nimmt in der Flugphase eine gestreckte Hohlkreuzhaltung ein. Zwischen den gestreckten Armen befindet sich der Kopf in Nackenhalte.

Der Körper taucht flach ein, wobei der Oberkörper kaum gegen das Wasser drücken soll. Während des Eintauchens übernehmen der Kopf und die zusammengeführten Hände die Steuerfunktion. Nach dem Eintauchen befindet sich der Schwimmer vollständig unter Wasser und sinkt etwas ab. Danach gelangt er über eine kurzzeitige horizontale Lage in einem flachen Bogen an die Oberfläche zurück. Durch Handanstellen und Kinn-an-die-Brust-Nehmen wird dieser Vorgang begünstigt. Danach setzt die Beinbewegung ein. Kurz vor Erreichen der Wasseroberfläche zieht ein Arm. Der andere zieht erst, wenn der erste Arm den Oberschenkel erreicht hat.

1 Füße in Schrittstellung oder in gleicher Höhe
2 Zehen dicht unter Wasser
3 Arme haben festen Halt an Bügel oder Rinne
4 Füße haben festen Halt an der Wand
5 konzentriere dich auf das Kommando
6 die Wand ansehen
7 kurzes Anziehen der Arme
8 kräftiges Abspringen mit Nachhintenreißen der Arme
9 Hüfte nach oben bringen – Hohlkreuz
10 Kopf in den Nacken
11 gestreckter Körper
12 in der Flugphase ist der Körper gestreckt, leichte Hohlkreuzhaltung
13 Arme gestreckt
14 beim Eintauchen völlig gestreckt bleiben
15 rutsche mit beiden Armen zuerst in das Wasser
16 nicht mit dem Rücken gegen das Wasser drücken
17 Körper und Arme bleiben gestreckt
18 Gleiten unter Wasser, bis die Gleitgeschwindigkeit der Schwimmgeschwindigkeit entspricht
19 zuerst setzt die Beinbewegung ein
20 die Arme setzen nacheinander ein, kein Doppelarmzug
21 Kinn zur Brust und Handanstellen bringen den Körper zur Wasseroberfläche
22 nach der Wasseroberfläche orientieren

Karte 21

Technikbeschreibung Tiefe Rückenkraulwende

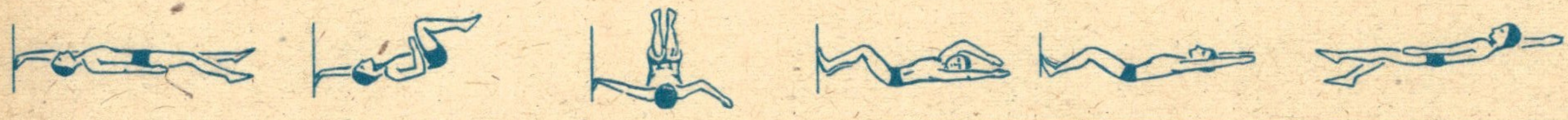

Technik

Vor dem Abtauchen einatmen!

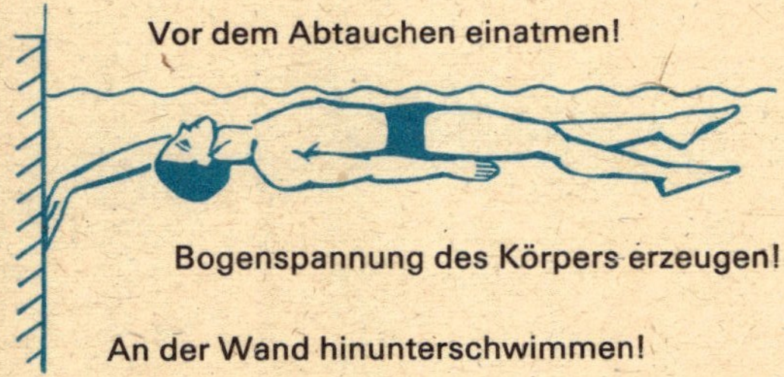

Bogenspannung des Körpers erzeugen!

An der Wand hinunterschwimmen!

Beine explosiv über Wasser zur Wand hocken!

In Richtung des Anschlagarmes hocken!

Finger zeigen nach unten, seitlich in Drehrichtung.

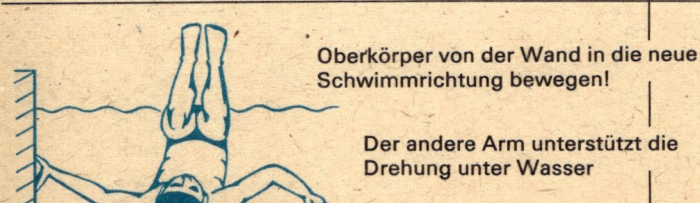

Oberkörper von der Wand in die neue Schwimmrichtung bewegen!

Der andere Arm unterstützt die Drehung unter Wasser

Kräftiger Abstoß mit beiden Beinen!

Arme vor den Kopf bringen!

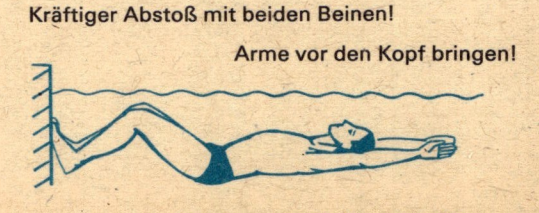

Schultern sind höher als Hüften.

Technikbeschreibung

Tiefe Rückenkraulwende – verbale Hinweise

Es wird mit voller Geschwindigkeit angeschwommen. Um Rhythmusstörungen vor der Wand zu vermeiden, ist bewegungsstörendes Orientieren zu unterlassen. Voraussetzung dafür ist das Beherrschen der Wende mit beiden Armen.
Mit dem Anschlagen wird bei gleichzeitigem Zurücknehmen des Kopfes an der Wand hintergeschwommen. Kurz davor wird eingeatmet. Während die Hand anschlägt, wird die Hüfte leicht angehoben und damit eine Bogenspannung im Brust-Bauch-Bereich des Schwimmers erzeugt. Diese Stellung ist Voraussetzung für eine effektive Ausführung der Drehung.
Die eigentliche Drehbewegung beginnt mit einem explosiven Hocken der Beine über Wasser in Richtung Anschlagarm. Gleichzeitig beginnt der Anschlagarm den Oberkörper in die neue Schwimmrichtung zu drücken. Während die Beine wieder in das Wasser eintauchen und an der Wand festen Halt finden, wird der Anschlagarm vor den Kopf gebracht. Der andere Arm unterstützt die gesamte Drehung seitlich vom Körper und wird nach deren Abschluß ebenfalls vor den Kopf gebracht.
Vor dem Abstoß ist der Körper im Hüft-, Knie- (100–120°) und Fußgelenk gebeugt. Die Füße haben festen Halt an der Wand (etwa 40–50 cm tief), und die Arme befinden sich leicht gebeugt vor dem Kopf. Der Körper darf noch eine leichte Schräglage haben. Dabei sind die Schultern höher als die Hüften. Aus dieser Stellung stößt sich der Schwimmer schnellkräftig ab und nimmt die waagerechte Rückenlage bei voller Streckung ein. Durch Handanstellen und Kinnanziehen gelangt der Schwimmer an die Wasseroberfläche. Erst werden die Beine, dann ein Arm eingesetzt. Der zweite Arm zieht erst, wenn der erste den Oberschenkel erreicht hat.

1. mit voller Geschwindigkeit anschwimmen
2. vor dem Abtauchen einatmen
3. an der Wand hinunter schwimmen
4. nur mit einer Hand anschlagen
5. Finger zeigen nach unten, seitlich in Drehrichtung
6. Anschlagarm leicht gebeugt
7. Körper in leichter Hohlkreuzhaltung
8. Bogenspannung erzeugen
9. Beine über Wasser explosiv zur Wand hocken
10. in Richtung Anschlagarm hocken
11. der andere Arm unterstützt die Drehung unter Wasser
12. gleichzeitig den Oberkörper von der Wand in die neue Schwimmrichtung bewegen
13. Arme vor den Kopf bringen
14. Hüft- und Kniegelenk sind gebeugt
15. Schulter höher als Hüfte
16. kräftiger Abstoß mit beiden Beinen
17. gerade in Rückenlage nach vorn oben abstoßen
18. Arme vor dem Körper strecken
19. vollständige Streckung des Körpers
20. Gleiten unter Wasser, bis die Gleitgeschwindigkeit der Schwimmgeschwindigkeit entspricht
21. zuerst setzt die Beinbewegung ein, danach ein Arm
22. Kinn zur Brust und Handanstellen bringen den Körper zur Oberfläche
23. nach der Wasseroberfläche orientieren
24. keine Pausen zwischen den einzelnen Teilen
25. fließende Übergänge zwischen Anschwimmen, Anschlag, Drehung, Abstoß und Schwimmbewegung

Karte 22

Technikbeschreibung

Tiefe Kraulwende

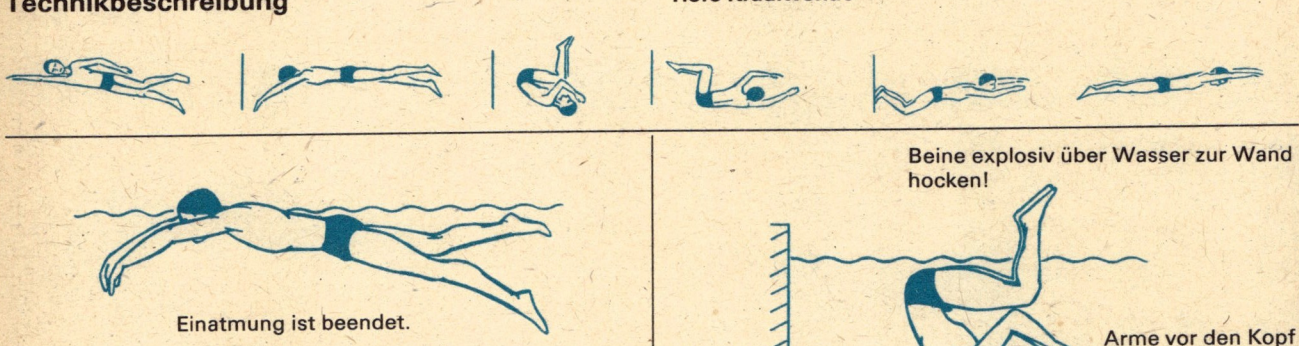

Einatmung ist beendet.

Nicht anschlagen!
Kräftig mit beiden Armen zum Körper ziehen – Kinn zur Brust nehmen!

Beine explosiv über Wasser zur Wand hocken!

Arme vor den Kopf bringen!

Nach der Wasseroberfläche orientieren!

Beine zur Wand bringen!

Oberkörper seitlich in die neue Schwimmrichtung drehen!

Schulter ist höher als Hüfte.

Hüft- und Kniegelenke sind gebeugt.

Kräftiger Abstoß unter Wasser nach vorn oben – mit beiden Beinen.

Technik

Technikbeschreibung

Tiefe Kraulwende – verbale Hinweise

Es wird mit voller Geschwindigkeit angeschwommen. Da mit den Händen nicht angeschlagen wird, muß die Drehung früher eingeleitet werden. Das erfordert eine rechtzeitige Orientierung ohne merkliche Rhythmusstörung vor dem Abtauchen. Eine Hand bleibt vor dem Körper liegen, die andere führt noch eine vollständige Bewegung aus und wird neben die erste gelegt. Weiter kräftige Beinbewegung ausführen. Die Drehung beginnt mit dem Doppelarmzug in Drehrichtung, dabei wird der Kopf zur Brust genommen. Kurz vor dem Senken des Kopfes wird eingeatmet. Durch den erzielten Schwung ist eine schnelle Drehbewegung möglich. Die Hüfte wird stark gebeugt, und die leicht gebeugten Beine werden schnellkräftig über Wasser zur Wand geschwungen. Der Oberkörper dreht weiter leicht seitlich in die neue Schwimmrichtung. Kommen die Hüften bei der Drehbewegung in Höhe des Kopfes, so zieht der eine Arm weiter zum Körper, der andere unterstützt durch eine leichte Ruderbewegung die Drehung um die Längsachse. Durch diese asymmetrische Bewegung werden die Beine leicht seitlich über dem Körper zur Wand gebracht. Während die Beine an der Wand ansetzen, wird der Oberkörper in eine schräge Brustlage gedreht, und die Arme werden leicht gebeugt vor den Kopf gebracht. Nach Beendigung der Drehung müssen die Füße festen Halt haben (40–50 cm tief) und die Beine für den Abstoß optimal gebeugt sein (etwa 100–120°).
Zu Beginn des Abstoßes befindet sich der Körper noch in einer Schräglage. Die Schultern sind höher als die Hüfte. Mit einer schnellkräftigen Streckung von Hüft-, Knie- und Fußgelenk stößt sich der Schwimmer von der Wand ab.
Erst setzen die Beine, dann wechselseitig die Arme ein.

1. mit voller Geschwindigkeit anschwimmen, nicht zu dicht an die Wand
2. vor dem Abtauchen einatmen
3. vor der Drehung liegen beide Arme vor dem Körper
4. kräftig mit beiden Armen zum Körper ziehen (wie beim Delphinarmzug), dabei kräftige Beinbewegung und Kinn zur Brust nehmen
5. nicht anschlagen
6. Beine explosiv über Wasser zur Wand hocken
7. Oberkörper in die neue Schwimmrichtung drehen
8. nach der Wasseroberfläche orientieren
9. Arme vor den Kopf bringen
10. Hüft- und Kniegelenk sind vor dem Abstoß gebeugt
11. beim Abstoß in Brustlage Schulter höher als Hüfte
12. Arme vor dem Körper gestreckt
13. kräftiger Abstoß unter Wasser nach vorn oben mit beiden Beinen
14. vollständige Streckung des Körpers
15. Gleiten unter Wasser, bis die Gleitgeschwindigkeit der Schwimmgeschwindigkeit entspricht
16. zuerst setzt die Beinbewegung ein – danach die Armbewegung
17. durch Kopfheben und Handanstellen gelangt der Körper schneller zur Wasseroberfläche
18. keine Pausen zwischen den einzelnen Teilen
19. fließende Übergänge zwischen Anschwimmen, Drehung, Abstoß und Schwimmbewegung

Karte 23

Technikbeschreibung

Hohe/seitliche Brust- und Schmetterlingswende

Anschlag mit beiden Händen gleichzeitig!

Arme leicht gebeugt!

Beine unter Wasser zur Wand hocken!

Gleichzeitig mit den Armen von der Wand wegdrücken!

Fester Halt mit beiden Beinen an der Beckenwand.

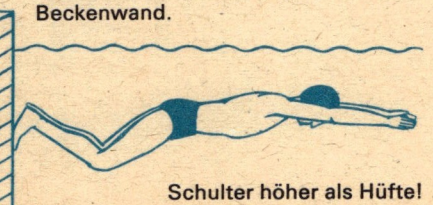

Schulter höher als Hüfte!

Arme vor dem Körper strecken!

Vollständige Streckung des Körpers.

Ein Tauchzug bis zum Oberschenkel.

Technik

Technikbeschreibung

Hohe/seitliche Brust- und Schmetterlingswende – verbale Hinweise

Es wird mit voller Geschwindigkeit angeschwommen. Dabei ist der Schwimmrhythmus ohne merkliche Störung so einzustellen, daß mit dem Vorbringen der Arme die Wand erreicht wird. In Höhe der Wasseroberfläche wird mit beiden Händen gleichzeitig angeschlagen. Ellbogen leicht gebeugt.
Die Arme drücken den sich aufrichtenden Oberkörper aktiv in die neue Schwimmrichtung. Die Beine werden gleichzeitig gehockt. Die Hand, welche sich in Drehrichtung befindet, wird zur Brust gezogen. Durch den Druck des anderen Armes gegen die Wand wird die Drehung des Körpers weiter unterstützt. Dabei hocken die Beine weiter schnellkräftig zur Wand. Sobald der zweite Arm die Wand verläßt, wird er aktiv mit Kopfdrehung, wenn möglich über Wasser, in die neue Schwimmrichtung gebracht. Dadurch wird die Drehgeschwindigkeit weiter vergrößert, und es wird eingeatmet. Der Oberkörper kippt seitlich in die neue Schwimmrichtung. Kurz vor dem Abstoß befinden sich die Beine in einer Tiefe von etwa 40 cm sicher an der Wand. Die Hände werden dicht am Körper nach vorn gebracht.
Während des aktiven Abstoßes liegen die Schultern höher als die Hüfte. Der Körper befindet sich nach Verlassen der Wand in einer vollkommenen Strecklage. Es erfolgt die vollständige Drehung in die Brustlage.
Bei der Brustwende wird der Anstoß etwas tiefer als bei den anderen Wenden ausgeführt, weil sich ein Unterwasserzug der Arme bis zum Oberschenkel anschließt. Der folgende Beinschlag und das Anheben des Kopfes und der Hände bringen den Körper zur Wasseroberfläche.
Bei der Schmetterlingswende wird mit einer bis zwei Delphinbewegungen begonnen, danach setzen sofort die Arme ein.

1 mit voller Geschwindigkeit anschwimmen
2 Bewegung auf den Anschlag einstellen
3 Anschlag mit beiden Händen gleichzeitig
4 nicht auf den Beckenrand fassen
5 Arme leicht gebeugt
6 Beine aktiv unter Wasser zur Wand hocken
7 gleichzeitig mit den Armen seitlich von der Wand wegdrücken
8 während der Drehung einatmen
9 Kopf über Wasser in die neue Schwimmrichtung reißen
10 nicht aufrichten
11 an der Wasseroberfläche drehen
12 volle Drehung in die neue Schwimmrichtung um 180°
13 fester Halt mit beiden Beinen an der Beckenwand
14 Hüft- und Kniegelenk sind gebeugt
15 Abstoß mit beiden Beinen
16 Schulter höher als Hüfte
17 Arme vor dem Körper strecken
18 kräftiger Abstoß unter Wasser nach vorn oben
19 gerade abstoßen
20 vollständige Streckung des Körpers
21 Gleiten unter Wasser, bis die Gleitgeschwindigkeit der Schwimmgeschwindigkeit entspricht
22 beim Brustschwimmen nur ein Tauchzug bis zum Oberschenkel
23 beim Schmetterlingsschwimmen wird mit 2–3 Delphinbewegungen begonnen
24 nicht zu zeitig auftauchen
25 keine Pausen zwischen den einzelnen Teilen
26 fließende Übergänge zwischen den Teilbewegungen

Grundfertigkeiten

Die Spezifik der Sportart Schwimmen besteht darin, sich mit Hilfe von Körperübungen in einem bisher für den längeren Aufenthalt unüblichen Milieu fortzubewegen. Das bedingt die Herausbildung neuer reflektorischer Verbindungen, die besonders durch die Druckverhältnisse, die Dichte und das spezifische Gewicht, die Kohäsionskraft und Kompressibilität des Wassers bestimmt werden.
Im Widerstand des Wassers vereinigen sich einige dieser Größen. Deshalb ist die Bewältigung des Widerstandes maßgeblich für effektive Fortbewegung im Wasser. Einen positiven Widerstand zu finden heißt, ihn für die Fortbewegung auszunutzen – man muß sich an ihm abdrücken –; der negative Widerstand muß bei allen Bewegungen, die nicht der Erzeugung von Vortrieb dienen, überwunden werden.
Die Auseinandersetzung mit diesen Gesetzmäßigkeiten geschieht im Prozeß des Erwerbs der schwimmerischen Grundfertigkeiten (Ziel: Wassersicherheit, Schwimmfähigkeit).
Dabei werden – unterschiedlich nach Alter und Entwicklungsstand der Schwimmanfänger – die verschiedenen Wirkungen des Wassers z.T. bewußt genutzt, zum anderen durch spielerische Formen unbewußt erlebt.
Beim **Springen** kann der Anfänger nach dem Eintauchen ins Wasser besonders gut den Auftrieb spüren, der vom Gewicht der verdrängten Flüssigkeitsmenge abhängig ist. Das **Tauchen** verlangt neben dem bewußten Bewegen gegen den Auftrieb auch noch die Überwindung willkürlicher Reflexe, d. h., die Atemvorgänge müssen bewußt gestaltet werden, und der Lidschutzreflex, der bewirkt, daß das Auge geschlossen wird, sobald sich ein Fremdkörper dem Auge nähert, muß gehemmt werden.

Notwendigkeit des Erwerbs

Dem **Atmen** wird eine zentrale Stellung eingeräumt. Diese Grundfertigkeit ist unbedingte Voraussetzung, um effektiv die Schwimmarten zu erlernen, um später mit ihnen die Ausdauer trainieren zu können. Der Anfänger muß lernen, gegen den Widerstand des Wassers auszuatmen, einen bestimmten Rhythmus zwischen Einatmung über und Ausatmung unter Wasser zu beherrschen. Die Technik der Atmung, das allmähliche Ausatmen durch Mund und Nase und die Einatmung durch den weit geöffneten Mund, ist ein weiterer Schwerpunkt bei der Herausbildung dieser Grundfertigkeit.
Beim **Gleiten** nutzt der Anfänger den Auftrieb des Wassers aus. Er erfühlt, daß das Wasser den Körper trägt. Gleichzeitig stellt diese Grundfertigkeit Anforderungen an das Gleichgewichtsgefühl. Das Ausbalancieren in der horizontalen Lage auf dem Rücken und auf dem Bauch erfordert vom Anfänger viel Übung.
Die Grundfertigkeit Gleiten ist die erste Stufe für die **Fortbewegung**. Deshalb schließt sich diese Grundfertigkeit auch folgerichtig an, lediglich die Einbeziehung der Extremitätenbewegungen stellt den Übergang zu den Schwimmarten dar.

Die fünf Grundfertigkeiten stellen im Prozeß des Erwerbs von Wassersicherheit und Schwimmfähigkeit eine Einheit dar. Bei der Tauchübung „Aufsammeln von Gegenständen vom Beckengrund" wird beispielsweise gleichzeitig das Gleiten, das Atmen und evtl. das Springen geübt.
Auch der Nachweis über das Beherrschen der einzelnen Grundfertigkeiten kann im Komplex erbracht werden, allerdings müssen die Leistungszielstellungen der Grundfertigkeiten vorhanden sein (s. Karten 25 bis 28).

Grundfertigkeiten

Methodische Grundsätze, Organisationsformen

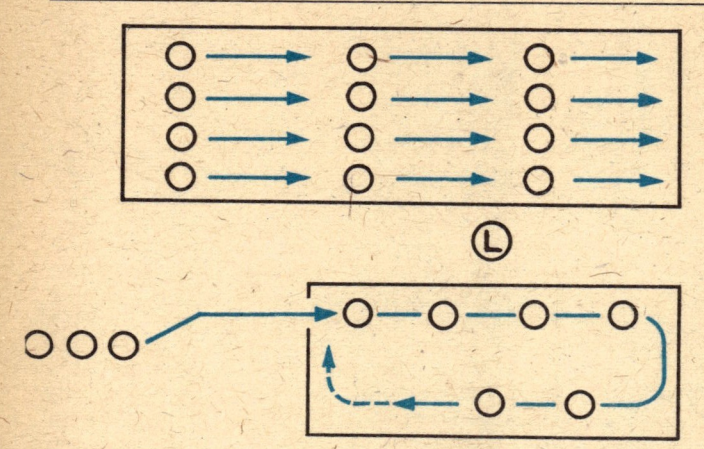

Die Grundfertigkeiten können unter Flach- oder Tiefwasserbedingungen ausgebildet werden. Die zweite Variante benötigt mehr als unter Flachwasserbedingungen eine gut durchdachte Vorbereitung, da die Sicherheit der Kinder unbedingt gewährleistet sein muß.
Führt man den Anfängerunterricht im Tiefwasser durch, sind folgende Gesichtspunkte bei der Planung und Organisation zu beachten:
- Der Übungsleiter muß im Besitz eines gültigen Wasserrettungsausweises sein.
- Die Übungsgruppe sollte nicht mehr als 10 bis 12 Kinder umfassen.

- Zur Unterstützung des Unterrichts bzw. zur Herstellung der Sicherheit sollten ein bis zwei Helfer, mindestens aber viele schwimmbare Hilfsgeräte, vorhanden sein.
- Es darf immer nur eine solche Anzahl von Kindern gleichzeitig beschäftigt werden, die für den Übungsleiter überschaubar ist, d. h., daß die Aufsichtspflicht gewährleistet ist.
- Für die Ausbildung sollten Randbahnen zur Verfügung stehen.
- Die Dauer der Trainingseinheit sollte 45 min nicht überschreiten.
- Das Übungsgut muß unter Beachtung der didaktischen Prinzipien Systematik, vom Leichten zum Schweren, Anschaulichkeit, Faßlichkeit ausgewählt werden.

Für die Realisierung eines effektiven Anfängerunterrichts ist den Organisationsformen in der Planung genügend Platz einzuräumen. Durch den Einsatz der Hilfsgeräte sind dabei noch zusätzlich räumliche Fixpunkte gegeben.
Grundsätzlich soll in den ersten Stunden frontal geübt werden. Dabei bietet der Beckenrand die nötige Sicherheit. Atem- und Tauchübungen und bei fortgeschrittener Wassersicherheit auch Sprungübungen können angewendet werden.
Eine Erweiterung des frontalen Trainings bei paarweisem Üben mit der Schwimmsprosse ist ebenso möglich wie das Üben mit Zusatzaufgaben.
Sobald erste Gleit- bzw. Schwimmfähigkeiten herausgebildet sind, kann im „Kanon" (Abb. 1) oder „am laufenden Band" (Abb. 2) geübt werden. Auch hier empfiehlt sich in den ersten Stunden der Einsatz von sichernden Auftriebshilfen wie Schwimmsprosse, Ekazellbrett.

Karte 25

Grundfertigkeiten

Die Grundfertigkeit Springen sollte in keiner Übungsstunde fehlen, da Sprungübungen sowohl ein wichtiges Mittel sind, sich mit den physikalischen Bedingungen auseinanderzusetzen, als auch zur Herausbildung wesentlicher Persönlichkeitseigenschaften wie Mut, Selbstvertrauen, Risikobereitschaft beitragen.

Zielstellung: kopfwärts eintauchender Sprung von erhöhter Absprungstelle in tiefes Wasser

Methodische Reihe

Übungen	Hinweise	Wasser
● Fußsprung ins Wasser – mit Unterstützung – ohne Unterstützung	– Zehen umkrallen Beckenkante – Stange wird vor dem Absprung ergriffen	F/T

Springen

Methodische Reihe

Übungen	Hinweise	Wasser
● Fußsprung über Gegenstände – mit Unterstützung – ohne Unterstützung ● Gruppensprünge fußwärts	– evtl. nach Absprung zugreifen – nach Auftauchen zugreifen – Bälle, Stange, Reifen als Markierung einsetzen – auf kräftigen Absprung achten	F/T
● Fußsprünge mit verschiedenen Aufgabenstellungen – Beine hocken, grätschen, spreizen	– 2–3 Kinder gemeinsam, beachten, daß Kinder ohne Gefährdung den Beckenrand erreichen – als Einzel- oder Gruppensprünge organisieren – nach Eintauchen abfedern, Kopf mit unter Wasser – Beine unterstützen Auftrieb	F/T F
● Abstoß aus dem Sitz am Beckenrand	– Füße in Überlaufrinne, Kopf zwischen Arme, Oberkörper vorbringen, Abstoß	F/T

Technik

Grundfertigkeiten

- bei Flachwasser Achtung – nicht zu tief eintauchen

- Gleitsprung aus dem Sitz
- dto. aus dem Hockstand

- weit nach vorn abspringen F/T
- Impulsgebung durch Streckung im Hüft- und Kniegelenk, anschließend gleiten F/T

Springen

- dto. vom Startblock
- kopfwärtseintauchender Sprung aus dem Stand

- mit anschließender Kraul-Beinbewegung T
- Armschwung einbeziehen, Kopf bleibt zwischen den Armen T

F – Flachwasser
T – Tiefwasser

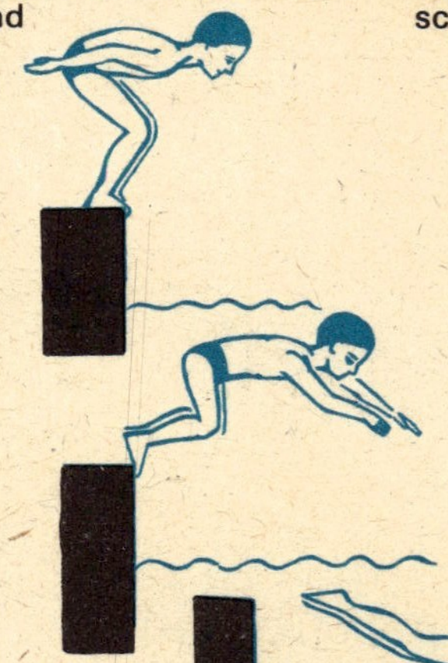

Karte 26

Grundfertigkeiten

Das Tauchen ist eine wesentliche Grundfertigkeit, um zur Wassersicherheit zu gelangen.

Zielstellung: sicheres Untertauchen und Bewegen im tiefen Wasser mit Öffnen der Augen zur Orientierung

Methodische Reihe

Übungen	Hinweise	Wasser
• Auf- und Niederspringen am Beckenrand	– aus dem Wasser herausheben, anschl. unter Wasser zusammenhocken	F
• Untertauchen – mit Griff am Beckenrand	– Augen können noch geschlossen bleiben	F/T
– ohne Festhalten	– am Beckenrand aufstellen, Hände auf dem Rücken	T
	– Hände kurzzeitig vom Beckenrand lösen	T
• dto. mit Öffnen der Augen – mit Abstoß nach unten	– Augen erst unter Wasser öffnen, nach dem Auftauchen nicht auswischen	
	– kräftig abdrücken, Körper bleibt gestreckt, Auftrieb wirken lassen, nach Auftauchen wieder zugreifen	T

Tauchen

Methodische Reihe

Übungen	Hinweise	Wasser
• Tauchen durch Geräte	– Reifen senkrecht ins Wasser halten, durchklettern	F
	– über Eck unter Gleitstange hindurch (Abstoß vom Beckenrand)	T

Technik

Grundfertigkeiten

Methodische Reihe

Übungen	Hinweise	Wasser
• Aufsammeln von Tauchgegenständen	– gegen den wirkenden Auftrieb nach unten bewegen Kopfsteuerung und Einsatz der Extremitäten beachten	

Tauchen

Methodische Reihe

Übungen	Hinweise	Wasser
• dto. aus dem Hocksitz	– kräftig kopfwärts nach unten abstoßen	
• auf den Boden hocken	– mit Schwung nach unten zusammenfallen	F
• paarweise unter Wasser fortbewegen	– in Hockstellung, Handfassung, vorwärts laufen	F
• unter Wasser ansehen	– mit Doppelhandfassung abtauchen, gegenseitig anschauen	F/T
• dto. mit Grimassenschneiden	– längere Zeit unter Wasser bleiben	F/T
• eine Strecke unter Wasser zurücklegen	– nach Abstoß, Orientieren nach Gegenständen, aufsammeln	F/T

Karte 27

Grundfertigkeiten

„Schwimmen ist Atmen" — dieser Ausspruch spiegelt die Bedeutung des Atmens in der Sportart Schwimmen wider.

Zielstellung: regelmäßiges rhythmisches Einatmen über Wasser und Ausatmen unter Wasser in Verbindung mit Fortbewegen

Methodische Reihe

Übungen	Hinweise	Wasser
• kräftiges Auspusten durch den Mund	— an Land üben: durch weit geöffneten Mund einatmen, langsames, zügiges Ausatmen	
• dto. an der Wasseroberfläche	— Hände an Überlaufrinne o. ä., Mund an der Wasseroberfläche, ein „Loch" ins Wasser blasen	F/T

Atmen

Methodische Reihe

Übungen	Hinweise	Wasser
• Kopf aufs Wasser legen, Ausatmung durch Mund	— zum Einatmen Kopf anheben — Luft bewußt durch Mund und Nase ausblasen	F/T
• dto. in rhythmischer Folge	— Übungsleiter gibt Atemrhythmus durch Zählen vor	F/T
• Untertauchen mit langer kräftiger Ausatmung	— Verbindung mit Grundfertigkeiten Tauchen, Augen öffnen	
• Tauchatmen	— senkrecht nach unten abtauchen, Ausatmung während der gesamten Unterwasserzeit	

Technik

Grundfertigkeiten   Atmen

Methodische Reihe Übungen	Hinweise	Wasser
● dto. in rhythmischer Folge	– möglichst bis zum Beckengrund, danach abstoßen, kurz über Wasser einatmen, wiederholen	T
● rhythmisches Atmen in Verbindung mit Fortbewegen	– mit Kraul-Beinbewegung, Arme gestreckt mit Brett, zum Einatmen Kopf kurz anheben, ausatmen ins Wasser	F/T
● dto. mit seitlicher Atmung	– mit Brett Kraulbeinbewegung, 1 Arm zieht, nach dieser Seite wird eingeatmet – Ohr auf dem Wasser liegen lassen	F/T

Karte 28

Grundfertigkeiten

Gleiten, Fortbewegen

Das Gleiten stellt den direkten Übergang zum Schwimmen dar. Die gestreckte Körperhaltung in Brust- und Rückenlage gibt dem Anfänger das Gefühl, daß er auf dem Wasser schwimmt, und bietet gleichzeitig die Voraussetzung, die Extremitäten zur Fortbewegung einzusetzen.

Zielstellung: Gleiten in Brust- und Rückenlage nach Abstoß vom Beckenrand

Methodische Reihe

Übungen	Hinweise	Wasser
• auf den Boden hocken	– Beine umschlingen, versuchen, unten zu bleiben, Auftrieb wirken lassen	F
• Hockschwebe	– Beine umfassen, im Wasser „schweben"	F
• Streckschwebe	– wie oben, danach Arme und Beine seitlich wegstrecken	F

Methodische Reihe

Übungen	Hinweise	Wasser
• durch das Wasser ziehen	– ÜL zieht mit einer Gleitstange den Übenden entlang des Beckenrandes, Kopf zwischen den gestreckten Armen	T
• dto. an der Überlaufrinne	– Kinder „hangeln" entlang des Beckenrandes	T
• dto. in Rückenlage	– Arme gestreckt, gebeugte Arme, Körper möglichst strecken	T

Technik

Grundfertigkeiten

Methodische Reihe		
Übungen	Hinweise	Wasser
● Abstoß vom Beckenrand, zu einem Hilfsgerät gleiten	– Kopf zwischen die gestreckten Arme, Stange entsprechend dem Gleitvermögen hinhalten	F/T

Gleiten, Fortbewegen

Methodische Reihe		
Übungen	Hinweise	Wasser
– Brustlage – Rückenlage ● dto. ohne Hilfsgerät	– Körperspannung: Wer kommt am weitesten? Wer bleibt am längsten liegen?	F/T F/T

An das Gleiten schließt sich durch den Einsatz der Extremitäten lückenlos das Fortbewegen an, das den unmittelbaren Übergang zu den Schwimmarten darstellt. Dabei sollte jeweils die als erstes zu lehrende Schwimmart in ihrer Einzel- und Gesamtbewegung im Mittelpunkt stehen.

Karte 29

Grundfertigkeiten | Stundenbeispiel

Beispiel für die erste Übungsstunde, vorrangig zur Entwicklung der Grundfertigkeit Tauchen (Tiefwasserbedingungen)

Übungen	Methodische und organisatorische Hinweise	Übungen	Methodische und organisatorische Hinweise
E.: Bekanntmachung mit dem Tiefwasserbecken und den Maßnahmen zur Gewährleistung der Sicherheit		**Tauch- und Atemübungen**	
		– Gesicht aufs Wasser legen, Augen öffnen	– Festhalten an der Überlaufrinne
H.: **Allgemeine Gewöhnungsübungen am Beckenrand**		– Kopf völlig untertauchen, Augen öffnen	
– Einstieg an der Leiter, Hangeln an der Überlaufrinne an der Längsseite des Beckens zur nächsten Leiter	– Festhalten an der Überlaufrinne mit beiden Händen bzw. einer Hand	– Körper völlig untertauchen, Arme dabei strecken, Augen öffnen	– Aufgabe: Fliesen ansehen und zählen
		Vorübungen für das Gleiten	
– Auf- und Abwärtsbewegung des Körpers	– Bis zum Hals ins Wasser tauchen	– Körper vom Beckenrand wegdrücken und in Brustlage schieben	– Kopf zwischen die Arme, Gesicht aufs Wasser, Auftrieb bewußtmachen,
– Heranziehen und Wegschieben vom Beckenrand, seitlich und frontal zum Beckenrand		– Körper in Brustlage schieben und Wechselschlag-Beinbewegung	– Gesicht aufs Wasser legen und ausatmen
– Beine anhocken, grätschen, spreizen		S.: **Sprungübungen** Mit Stange:	
		– Aus dem Hockstand ins Wasser springen	– Auf sicheren Stand vor dem Absprung achten. Sichere Hilfeleistung mit der Stange
		– Aus dem Stand ins Wasser springen	

Technik

Grundfertigkeiten

Stundenbeispiel

Stundenbeispiel (Tiefwasser), vorrangig zur Entwicklung der Grundfertigkeit Springen

Übungen	Methodische und organisatorische Hinweise
E.: Springen — Selbständiges Springen fußwärts zur Stange — Selbständiges Springen fußwärts und auftauchen ohne Hilfe durch die Stange — Sprünge fußwärts aus dem Stand mit verschiedenen Aufgabenstellungen	— auf kräftigen Absprung achten, Zehen umkrallen die Beckenkante, Stange erst nach dem Auftauchen zur Hilfeleistung reichen — Beine anhocken, grätschen, spreizen — über Gegenstände springen
H.: Gleiten — Sprünge fußwärts aus dem Stand ohne Hilfeleistung — Gleitsprung aus dem Hockstand — Gleitsprung aus dem Hockstand, zur Stange selbständig gleiten	— Schüler erreichen selbständig den Beckenrand! — Kopf zwischen die Arme — nach dem Gleiten Stange zur Sicherheit reichen — Gleitstrecke verlängern, bevor die Stange erfaßt wird — dto., danach selbständig zum Beckenrand

S.: Tauchen und Atmen — Tauchatmen am Beckenrand — Abtauchen mit Lösen der Hände	— Während des Abtauchens ausatmen — sprudeln

Stundenbeispiel (Tiefwasser), vorrangig zur Entwicklung der Grundfertigkeit Atmen

Übungen	Methodische und organisatorische Hinweise
E.: Sprungübungen — Selbständiges Springen fußwärts zur Stange — Selbständiges Springen fußwärts und Auftauchen ohne Hilfe durch die Stange	— Stange erst nach dem Auftauchen zur Hilfeleistung reichen
H.: Tauch- und Atemübungen am Beckenrand — Untertauchen und Augen öffnen	— Zur Kontrolle Fliesenwand ansehen, Partner ansehen, Finger zählen usw.

Karte 30

Grundfertigkeiten

Übungen	Methodische und organisatorische Hinweise
— Tiefes Untertauchen, dabei die Hände kurzzeitig vom Beckenrand lösen	
— Untertauchen und rhythmisches Atmen	— Partner drehen sich zueinander, dabei nur mit einer Hand an der Überlaufrinne festhalten
— Atemübungen am Beckenrand; rhythmisch	— Mit beiden Händen festhalten, gestreckte Arme, durch Kopfbeugen ein- und ausatmen. ÜL rhythmisiert durch Zählen „und — eins", „und — zwei" usw., wobei auf „und" ein- und auf die Zahl ausgeatmet wird
S.: **Tauchen** — Tauchübungen am Beckenrand mit verschiedenen Aufgabenstellungen: Wer taucht am längsten? Wer taucht am tiefsten?	Nach kurzem Anhalten der Luft zügig ausatmen. Mit den Füßen den Beckenboden berühren (1,80 m).

Stundenbeispiel

Stundenbeispiel (Tiefwasser), vorrangig zur Entwicklung der Grundfertigkeit Gleiten

Übungen	Methodische und organisatorische Hinweise
E.: **Tauch- und Atemübungen am Beckenrand** — Auf- und Abtauchen hintereinander mit rhytmischer Atmung — Untertauchen, Hände dabei kurzzeitig vom Beckenrand lösen	— Auf tiefes Ausatmen ins Wasser achten! Hausaufgaben dazu stellen! — Auftrieb bewußt spüren lassen! Sicherheit beachten!
H.: **Vorübungen für das Gleiten und Fortbewegen** — Am Beckenrand Körper in Brust- und Rückenlage legen (parallel zum Beckenrand)	— Tragfähigkeit der Schwimmsprossen erläutern Rückenlage vorher an Land erläutern. In Brustlage Gesicht aufs Wasser!
— wie oben — mit Wechselschlag-Beinbewegung	— Jedes Kind eine Sprosse — Sicherheitsabstand beachten!

Technik

Grundfertigkeiten

Stundenbeispiel

Übungen	Methodische und organisatorische Hinweise
— Mit Abstoß der Sprosse vom Beckenrand, Gleiten in Brustlage	— Zur Leine hin, etwa 2—3 Kinder üben gleichzeitig
— Mit Schwimmbrettchen ins Wasser springen, Rückenlage einnehmen, Wechselschlag-Beinbewegung	— Brett hinter den Kopf, aus dem Hockstand springen, während der Flugphase in Rückenlage drehen. Parallel zum Beckenrand üben lassen. Hinweis: Bei Unsicherheit Beckenrand erfassen
S.: **Sprungübungen** — Sprünge fußwärts ins Wasser mit Stange Aufgaben: Stange mit beiden Händen festhalten	Auftrieb bewußtmachen!
Stange mit einer Hand festhalten — 1. Versuch, ohne Stange zu springen	Stange erst nach dem Auftauchen bereithalten

Karte 31

Erlernen und Vervollkommnen schwimmtechnischer Fertigkeiten

Einführung

Das Erlernen und Vervollkommnen schwimmtechnischer Fertigkeiten wird vom Prinzip der Vielseitigkeit bestimmt. Das heißt, ein effektiver Übungs-, Trainings- und Wettkampfbetrieb erfordert das weitgehende Beherrschen der beschriebenen und dargestellten Techniken. Verschiedene Bedingungen wie Alter, allgemeine und schwimmerische Voraussetzungen, eingeschränkter Wettkampfbetrieb gestatten eine Reduzierung dieses hohen Anspruches.

Im Lernprozeß stehen zum weitaus größten Teil Kinder mit den ihnen eigenen Altersbesonderheiten.
Besonders zu berücksichtigen sind:
— hoher Bewegungsdrang,
— hohe Emotionalität und Leistungsbereitschaft mit geringer Konzentrationsfähigkeit und starker Ablenkbarkeit,
— vorrangig konkret-anschauliches Denken mit geringem Abstraktionsvermögen.

Aus diesen Altersbesonderheiten, spezifischen Sicherheitserfordernissen, den recht umfangreichen und relativ schwierigen Bewegungsabläufen im Sportschwimmen sowie der bereits angeführten prinzipiellen Forderung nach Vielseitigkeit leitet sich die Notwendigkeit einer methodischen Vorstufe für die Anfängerausbildung ab.

Obwohl durch die Vorleistungen der schulischen und leistungssportlichen Schwimmausbildung nur eine relativ geringe Anzahl von Schwimmunkundigen im Übungs-, Trainings- und Wettkampfbetrieb anzutreffen ist, sollten die Übungen zum Erwerb der Grundfertigkeiten mit ihrer lernprozeßbegünstigenden Wirkung auf Schwimmarten, Wenden und Starts nicht unterschätzt werden.

Erlernung und Vervollkommnung von Schwimmarten

Vor der teilweise recht vordergründig diskutierten Reihenfolge beim Erlernen der Schwimmarten steht die sportartspezifische Anwendung des Prinzips der Vielseitigkeit, die in der Anzahl der zu erwerbenden schwimmtechnischen Fertigkeiten zum Ausdruck kommt. Als minimale Forderung steht im Übungs-, Trainings- und Wettkampfbetrieb der Erwerb von zwei Sportschwimmarten in der Feinkoordination.

Die Anwendung der methodischen Grundformen Darbieten, Erarbeiten und Aufgeben erfolgt entsprechend der Schwierigkeit der Schwimmtechniken deduktiv, d. h. normgeleitet unter starker Führung des Übungsleiters. Dieses prinzipielle Vorgehen schließt die teilweise selbständige Auseinandersetzung des Lernenden mit der neuen Bewegung ein. Analog zum vorrangig deduktiven Vorgehen erhält die Teillernmethode gegenüber der Ganzlernmethode den Vorzug.

Bei der Teillernmethode wird in Arm- und Beinbewegung gegliedert, relativ getrennt erlernt und in der Folge zur Gesamtbewegung vereint.

Bei diesem analytisch-synthetischen Vorgehen ist darauf zu achten, daß die Zergliederung und das eigenständige Erlernen der Einzelbewegungen nicht zu weit gehen.

Als Grundsatz gilt: Einzeln soweit wie nötig — zusammen sobald wie möglich!

Die teilweise Gesamtbewegung führt in den Wechselschlagschwimmarten nach dem groben Erlernen der Beinbewegung zum vollständigen Bewegungsablauf. Bei diesem methodischen Schritt als Vorstufe für die Gesamtbewegung wird die bereits grob beherrschte Beinbewegung vortriebswirksam

Erlernen und Vervollkommnen schwimmtechnischer Fertigkeiten

Einführung

eingesetzt, ein Arm auf dem Gleitbrett fixiert, während sich der Anfänger voll auf die Bewegungsausführung des anderen Armes konzentrieren kann.

Um die kräftezehrende und koordinativ sehr schwierige Armbewegung beim Schmetterlingsschwimmen zu vermeiden, empfiehlt es sich, den Delphinbewegungen in steigender Zahl Armzyklen zuzuordnen.

Erlernung und Vervollkommnung von Wenden und Starts

Das Erlernen von Wenden und Starts ist grundsätzlich an die Lernfolge der Schwimmarten gebunden. Beim Schwimmen über eine Bahnlänge und beim ersten Wettkampf müssen Wende und Start in der Grobform beherrscht werden. Die Wenden sollten entsprechend ihrer Schwierigkeit und der Bedeutung für die Ausdauerentwicklung vorrangig im Hauptteil der Trainingseinheit erlernt werden, während die Starts teilweise in spielerischer Form im Schlußteil der Trainingseinheit mit Erfolg geübt werden können.

Wie bei den Schwimmarten ist für das Erlernen der Wenden und der Starts ein normgeleitetes Vorgehen unter starker Führung des Übungsleiters erforderlich. Bei ebenfalls vorrangiger Anwendung der Teillernmethode läßt sich eine klare methodische Reihenfolge wie bei den Schwimmarten nicht vorgeben.

Um den Gesamtablauf der Bewegung nicht unnötig zu gliedern, empfehlen sich Verbindungen von Einzelbewegungen wie Anschwimmen mit Drehung, Abstoß mit Ausgleiten, die nach dem groben Erlernen zur Gesamtbewegung vereint werden. Eine Ausnahme kann der Startsprung bilden.

Gegenüber den Starts bieten die Wenden mit den verschiedenen Arten der Ausführung auch vielfältigere methodische Möglichkeiten. Während die hohen als methodischer Schritt für das Erlernen der hohen/seitlichen Wenden dienen können, sollte die tiefen Wenden im Kraul- und Rückenkraulschwimmen nicht über die hohen und flachen Wenden erlernt werden, weil diese von der Bewegungsstruktur her kaum Voraussetzungscharakter besitzen.

Die Karten zum Lernprozeß enthalten eine Übungsfolge mit Bildbeispielen und umseitig eine Aufführung von Fehlern in Wort und Bild sowie verbale Hinweise (s. Rückseiten der Karten 15–23) als eine Möglichkeit zu deren Abstellung.

Die Korrektur von Fehlern als ständige lernprozeßbegleitende Aufgabe erfordert über verbale Hinweise hinaus vielfältige Maßnahmen wie
– Gegenüberstellung von falsch und richtig,
– Anwendung des Gegenfehlers,
– bewegungsführende Hilfe,
– Schaffung der konditionellen und koordinativen Voraussetzungen,
– Zurückgehen im methodischen Weg,
– Rhythmisierung durch optische und akustische Mittel,
– Festlegung von Kontrollpunkten.

Bei der Anwendung dieser Maßnahmen ist immer die Einheit von Fehler, Fehlerursache und Korrektur zu sichern.

Die Ausführungen zur Erlernung und Vervollkommnung von Schwimmarten, Wenden und Starts sind prinzipiell auf weitere Körperübungen wie Schwimmkombinationen, Spiele, volkstümliche Sprünge sowie Elemente aus dem Kunst- und Rettungsschwimmen zu übertragen.

Karte 32

Erlernen und Vervollkommnen schwimmtechnischer Fertigkeiten

Rückenkraulschwimmen – Lernprozeß

- Erklären und Demonstrieren der Beinbewegung, Üben an Land im Stand und im Sitz
- Üben mit Bewegungsführung und Partnerunterstützung – im Sitz oder Rückenlage auf einer Bank, Stufe, Boden oder Beckenrand, Beine sind dabei frei!
- stationäres Üben in Rückenlage an Leiter, Stange, Bahnbegrenzung u. ä.
- mit Bewegungsführung und Partnerunterstützung im knietiefen Wasser
- im knietiefen Wasser oder an einer Stufe im Liegestütz rücklings
- Üben der Beinbewegung aus dem Abstoß und Gleiten mit Brett unter dem Kopf
  mit Brett, gestreckte Armhaltung
  ohne Hilfsmittel, mit verschiedenen Armhaltungen
- Erklären und Demonstrieren der Armbewegung, Üben der Armbewegung an Land
- Üben mit Bewegungsführung und Partnerunterstützung
- mit einem Arm
- rücklings an der Wand
- in Rückenlage auf dem Boden oder einer schmalen Bank, Arme sind dabei frei
- stationäres Üben der Armbewegung an Leiter, Stange u. ä.
- mit Partnerunterstützung im hüft- oder brusttiefen Wasser
- einige Armbewegungen aus Abstoß und Gleiten
- Üben der teilweisen Gesamtbewegung, ein Arm hält das Gleitbrett, der andere Arm übt, mit Beinbewegung und rhythmischer Atmung, nach bestimmter Teilstrecke wechseln

- Üben der Gesamtbewegung aus dem Abstoß und Gleiten
- Gesamtbewegung aus der Beinbewegung
- Gesamtbewegung aus dem Start mit ansteigender Streckenlänge
- Gesamtbewegung aus dem Abstoß oder Start mit rhythmischer Atmung

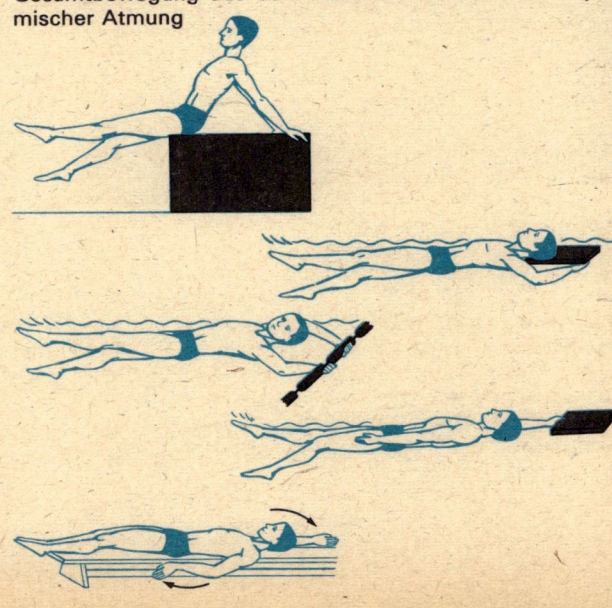

Technik

Erlernen und Vervollkommnen schwimmtechnischer Fertigkeiten

Rückenkraulschwimmen – Fehler

	verbale Hinweise
Körperlage, Kopfhaltung	
F_1 Hüfte gebeugt – sitzen	1
F_2 Kopf weit nach hinten	6
F_3 Kinn verkrampft an der Brust	7
Beinbewegung	
F_4 Bewegung nur aus dem Knie – Schlag geht nicht von der Hüfte aus	8
F_5 Tretbewegung – Knie durchbrechen das Wasser	9
F_6 Scherschlag	10
F_7 kein Wechselschlag, z.B. Grätsche	10
F_8 zu große oder zu kleine Bewegungen	13
F_9 Füße nicht gestreckt (Stoß)	10
Armbewegung	
F_{10} Hand weicht Wasserwiderstand aus (Schneiden, Tellern)	18
F_{11} Pause am Oberschenkel	14
F_{12} Finger geöffnet	19
F_{13} unrhythmische Armbewegung	15
F_{14} Armeinsatz (zu breit, zu eng)	20
Atmung	
F_{15} falscher Rhythmus (unregelmäßig)	21, 22
F_{16} unvollständiges Ausatmen (Luft wird gepreßt)	23
Gesamtbewegung, Koordination	
F_{17} unruhige Körperlage (Wippen, Schlängeln, Schaukeln, Drehen)	3, 4, 5
F_{18} kein oder schlechter Bewegungsfluß	14, 24

Karte 33

Erlernen und Vervollkommnen schwimmtechnischer Fertigkeiten

Kraulschwimmen – Lernprozeß

- Erklären und Demonstrieren der Beinbewegung
- Üben der Beinbewegung an Land im Stand
- Üben mit Bewegungsführung und Partnerunterstützung
- auf dem Boden
- bis zur Hüfte auf dem Beckenrand liegen, Beine über Wasserfläche halten und Beinbewegung üben, Beine sind frei
- Üben mit Bewegungsführung und Partnerunterstützung im hüfttiefen Wasser
- an der Überlaufrinne
- in Bauchlage (Liegestütz) an einer Treppe im knietiefen Wasser
- Üben der Beinbewegung aus dem Abstoß und Gleiten mit Brett, verschiedene Kopfhaltungen als Vorbereitung der Atmung
- Erklären und Demonstrieren der Armbewegung an Land
- Üben der Armbewegung an Land im Winkelstand
- Üben mit Bewegungsführung und Partnerunterstützung Mühlkreisen vorwärts im Stand oder in Bauchlage auf einer Bank, Arme sind frei!
- stationäres Üben der Armbewegung, z. B. Leiter
- mit Partnerunterstützung und Bewegungsführung im hüft- oder brusttiefen Wasser
- Üben der teilweisen Gesamtbewegung, ein Arm liegt gestreckt auf dem Gleitbrett, der andere Arm übt, mit Beinbewegung und rhythmischer Atmung
- Üben der Gesamtbewegung aus dem Abstoß und Gleiten bzw. Start mit steigender Streckenlänge
- Gesamtbewegung aus der aktiven Beinbewegung
- Gesamtbewegung aus dem Abstoß oder Start

Technik

Erlernen und Vervollkommnen schwimmtechnischer Fertigkeiten

Kraulschwimmen – Fehler

		verbale Hinweise
Körperlage, Kopfhaltung		
F_1	keine Gleitbootlage (Kopf zu tief, Hüfte zu hoch)	1–4
F_2	Kopf in zu starker Nackenhalte	5–6
Beinbewegung		
F_3	Schlag geht nicht von der Hüfte aus, Beugung nur im Knie	11
F_4	Scherschlag, Grätsche	7–9
F_5	Unterschenkel über Wasser	10
Armbewegung		
F_6	kein oder zu geringer Abdruck	15
F_7	Hand weicht dem Wasserwiderstand aus (Schneiden, Tellern)	17
F_8	Zug zu weit außen	15
F_9	Finger geöffnet	19
Atmung		
F_{10}	Ausatmung nicht in das Wasser oder unvollständig	22
F_{11}	Einatmung zu früh oder zu spät	20
F_{12}	auf die Seite legen – starkes Wälzen	21
Gesamtbewegung		
F_{13}	Schlängeln, Wippen, Wälzen, Drehen	1–4
F_{14}	kein oder schlechter Bewegungsfluß der Gesamtbewegung	13, 14, 24

Karte 34

Erlernen und Vervollkommnen schwimmtechnischer Fertigkeiten

Brustschwimmen – Lernprozeß

- Erklären und Demonstrieren der Beinbewegung, Üben an Land, im Sitz und in Bauchlage auf dem Boden
  Üben mit Bewegungsführung und Partnerunterstützung in Rücken- und Bauchlage auf dem Boden, Bank oder Startblock, Beine sind dabei frei
- Üben mit Bewegungsführung und Partnerunterstützung
- mit Gleitbrett und fixierten Knien
- mit Gleitbrett in Rückenlage
- in Brust- oder Rückenlage an Leiter, Stange u. ä.
- im knietiefen Wasser im Liegestütz
- Üben der Beinbewegung aus dem Abstoß und Gleiten, mit Gleitbrett
- Erklären und Demonstrieren der Armbewegung, Üben an Land im Winkelstand
- Üben mit Bewegungsführung und Partnerunterstützung
- in Bauchlage auf einer Bank oder Startblock, die Arme sind dabei frei
- stationäres Üben mit Fixieren der Beine durch Partner, Bahnbegrenzung, Stange, Leiter u. ä.
- Üben der Armbewegung aus dem Abstoß und Gleiten, mit Gleitbrett zwischen den Beinen
- Üben der Gesamtbewegung im Stand mit einem Bein
- in Bauchlage quer auf einer Bank oder einem Startblock, Arme sind dabei frei
- Üben der Gesamtbewegung aus dem Abstoß und Gleiten mit steigender Streckenlänge
- Gesamtbewegung aus dem Abstoß oder Start mit Tauchzug und rhythmischer Atmung

Technik

Erlernen und Vervollkommnen schwimmtechnischer Fertigkeiten

Brustschwimmen – Fehler

		verbale Hinweise
Körperlage, Kopfhaltung		
F_1	schiefe Lage (Schultern, Hüfte)	1, 2
F_2	keine Gleitbootlage (zu flach, zu steil)	2, 3
F_3	unruhige Lage (hüpfen, wippen)	2, 4
Beinbewegung		
F_4	asymmetrischer Beinschlag (Schere)	5, 6
F_5	Füße gestreckt (stechen)	8, 9, 12
F_6	Schlag mit dem Spann	8, 9, 12
F_7	Knie nicht im Strömungsschatten der Hüfte	7
F_8	Füße fassen (drücken) nicht das Wasser	12
F_9	Beine werden ruckhaft angezogen	6
F_{10}	Beine nicht geschlossen und gestreckt	13
Armbewegung		
F_{11}	Ellbogen zu weit nach außen hinten	16
F_{12}	Hand weicht Wasserwiderstand aus	18, 19
F_{13}	Finger geöffnet	17
F_{14}	Pause nach der Zugbewegung	19
F_{15}	keine Streckung der Arme und Schultern	20
F_{16}	zu kurze wirkungslose Armbewegung	14, 18
F_{17}	Arme ziehen zu stark nach unten	18
Atmung		
F_{18}	zu frühes Einatmen	21
F_{19}	zu spätes Einatmen	21
F_{20}	Ausatmung unvollständig	22
F_{21}	Kopf krampfhaft hochgehalten	1, 22
Gesamtbewegung		
F_{22}	kein oder schlechter Bewegungsfluß	16, 19, 23, 24
F_{23}	falsche Zuordnung der Beinbewegung	23, 24

Karte 35

Erlernen und Vervollkommnen schwimmtechnischer Fertigkeiten

Schmetterlingsschwimmen – Lernprozeß

- Erklären und Demonstrieren der Delphinbewegung, Üben der Delphinbewegung aus dem Abstoß und Gleiten
- Üben mit Partnerunterstützung und Bewegungsführung in Rückenlage
- Delphinsprünge mit anschließenden zwei bis drei Delphinbewegungen
- Delphinbewegung aus dem Abstoß mit Brett in Brustlage
- Erklären und Demonstrieren der Armbewegung, Üben der Armbewegung an Land im Winkelstand
- spezielle Kraft- und Beweglichkeitsübungen an Land
- Üben mit Bewegungsführung und Partnerunterstützung an Land
- in Bauchlage auf einer Bank oder Startblock
- stationäres Üben der Armbewegung im hüft- bis brusttiefen Wasser
- Fixieren der Beine durch Partner, Leiter, Leine, Stange u. ä.
- Delphinsprünge in kurzer Folge mit Betonung des Armeinsatzes
- Üben der Armbewegung aus dem Abstoß und Gleiten ohne Atmung, mit einleitenden Delphinbewegungen und zwei oder drei Armbewegungen, Delphinbewegungen mit rhythmischer Atmung bis zum Ende der Bahn
- Üben der Delphinbewegung mit Zuordnung einer steigenden Zahl von Armbewegungen
- Üben der Gesamtbewegung aus dem Abstoß und Gleiten mit steigender Streckenlänge und rhythmischer Atmung
- Üben der Gesamtbewegung mit Startsprung

Technik

Erlernen und Vervollkommnen schwimmtechnischer Fertigkeiten

Schmetterlingsschwimmen – Fehler

		verb. Hinw.
Körperlage, Kopfhaltung		
F_1	Kopf zu tief – Hüfte zu hoch	3, 4
F_2	schiefe Lage (Hüfte, Schultern)	1
F_3	zu weites Abtauchen	2, 4
F_4	Oberkörper zu hoch	4
Beinbewegung (Delphinbewegung)		
F_5	Wechselbeinschlag	7
F_6	zu steif in der Hüfte	8
F_7	zu starke Beugung im Kniegelenk	9
F_8	Füße beim Abwärtsschlag nicht nach innen	10
F_9	Füße nicht gestreckt	10, 11
F_{10}	Beine über Beckenbreite auseinander	6
Armbewegung		
F_{11}	Handflächen nach Armzug noch nach oben	18
F_{12}	tellern, schneiden	13
F_{13}	Hände fassen nicht richtig	16
F_{14}	Finger geöffnet	17
F_{15}	Arme nicht bis zum Oberschenkel	14
F_{16}	Pause der Arme am Oberschenkel	12
F_{17}	Pause der Arme nach dem Einsetzen	12
F_{18}	Ellbogen hängen über Wasser durch	21
F_{19}	unsymmetrische Armführung über Wasser	18
F_{20}	Einsatz der Arme nicht in Schulterbreite	20
F_{21}	zu starkes Beugen im Ellbogengelenk	19
F_{22}	verkrampfte Armführung über Wasser	18
Atmung		
F_{23}	Einatmung zu früh	22
F_{24}	Einatmung zu spät	22
Gesamtbewegung		
F_{25}	kein oder schlechter Bewegungsfluß	12, 24
F_{26}	Konterbewegung	25, 26

Karte 36

Erlernen und Vervollkommnen schwimmtechnischer Fertigkeiten

Startsprung – Lernprozeß

- Erklären und Demonstrieren des Startsprunges, Üben der Startstellung und des Kopfsprunges
    Abfaller aus verschiedenen Ausgangsstellungen und Absprunghöhen, z. B. Kniestand, Bückstellung mit gestreckten Beinen
- an Land → Sprünge aus der Startstellung bis zur vollkommenen Streckung des Körpers
- kräftiger Absprung mit Ausholbewegung der Arme von niedrigeren Absprunghöhen
- Startstellung, kräftiger Absprung mit Ausholbewegung der Arme
- Startstellung, Absprung → Flugphase mit gestrecktem Körper; besondere Beachtung der Sprungweite, über Markierung springen
- Abstoß unter Wasser mit bewußt weitem Ausgleiten (Beachtung der Steuerfunktion der Arme und des Kopfes)
- Ausführen des Startsprunges → gestrecktes Eintauchen mit bewußt weitem Ausgleiten
- Abstoß mit Übergang in die Schwimmbewegung (Brust: Tauchzug)
- Ausführen des Startsprunges, gestrecktes Eintauchen → Übergang in die Schwimmbewegung (Brust: Tauchzug)
- Üben des Startsprunges auf Kommando bis zur 10-m-Marke
- Ausführung des Startsprunges mit verschiedenen Ausgangsstellungen (z. B. Greifhaltung) und Startausführungen (z. B. Bückstart)

Technik

Erlernen und Vervollkommnen schwimmtechnischer Fertigkeiten

Startsprung – Fehler

		verbale Hinweise
Ausgangsstellung		
F_1	kein sicherer Stand – Zehen nicht um die Kante gekrallt	2, 4, 5
F_2	keine optimale Bewegung im Hüft-, Knie- und Fußgelenk	1
F_3	Kopf zum Starter gedreht	3
Absprung		
F_4	schlechte Koordination zwischen Ausholbewegung und Streckung in den Gelenken	7, 8
F_5	kein kräftiger Absprung	8, 9
F_6	keine Ausholbewegung (Auftaktbewegung)	7
F_7	zu steiles oder zu flaches Abspringen	10, 11
Flugphase		
F_8	Körper nicht gestreckt	12, 13
F_9	zu kurz	10, 16
Eintauchen		
F_{10}	Körper nicht gestreckt	17
F_{11}	zu flaches oder zu tiefes Eintauchen	16
Übergang zur Schwimmbewegung		
F_{12}	zu zeitiges Einsetzen der Bewegung	18
F_{13}	falsche Reihenfolge der Teilbewegungen	19, 20
F_{14}	zu schnelles Auftauchen	18
F_{15}	zu spätes Einsetzen der Bewegung	18

Karte 37

Erlernen und Vervollkommnen schwimmtechnischer Fertigkeiten

Rückenstart – Lernprozeß

- Erklären des Rückenstarts an Land und Demonstrieren im Wasser, Üben der Ausgangsstellung im Wasser
  Erklären, Demonstrieren und bewegungsführende Hilfe beim Einnehmen der Startstellung
- Strecksprünge an Land aus der imitierten Startstellung mit Rückführen der Arme und des Kopfes (Bogenspannung)
- Startstellung → kräftiger Absprung
- Startstellung, kräftiger Absprung → Beachtung der Bogenspannung während der Flugphase
- Ausführung des Absprunges mit Flugphase über ein Seil oder eine Stange
- Abstoß unter Wasser mit bewußt weitem Ausgleiten (Beachtung der Steuerfunktion der Arme und des Kopfes)
- Startstellung, kräftiger Absprung, Flugphase mit Bogenspannung → Eintauchen mit bewußt weitem Ausgleiten (Beachtung der Steuerfunktion der Arme und des Kopfes)
- Abstoß mit Übergang in die Schwimmbewegung (einseitiger Armeinsatz!)
- Ausführung des Rückenstarts unter besonderer Beachtung des Übergangs in die Schwimmbewegung (einseitiger Armeinsatz!)
- Üben des Rückenstarts auf Kommando bis zur 10-m-Marke
- Rückenstarts mit unterschiedlicher Aufgabenstellung, z. B. Veränderung der Fußstellung, Veränderung der Gleitdauer

Technik

Erlernen und Vervollkommnen schwimmtechnischer Fertigkeiten

Rückenstart – Fehler

		verbale Hinweise
Ausgangsstellung		
F_1	Zehen über Wasser	2
F_2	Beine (Füße) zu tief	1, 2
F_3	Kopf zum Starter gedreht	6
Absprung		
F_4	schlechte Koordination zwischen Auftaktbewegung, Nachhintenschwingen der Arme und Streckung in den Gelenken	8, 9, 10
F_5	kraftlos (nach hinten fallen lassen)	8, 9
F_6	Arme werden nicht zurückgeschwungen	8, 10
F_7	zu steiles bzw. zu flaches Abspringen	8, 12
F_8	keine Auftaktbewegung	7
Flugphase		
F_9	keine Bogenspannung des Körpers	12, 13
Eintauchen		
F_{10}	mit dem Rücken auf das Wasser fallen	14, 15, 16
F_{11}	zu tiefes Eintauchen	14, 17
Übergang zur Schwimmbewegung		
F_{12}	zu zeitiges Einsetzen der Bewegung	18
F_{13}	falsche Reihenfolge der Teilbewegungen	19, 20
F_{14}	zu schnelles Auftauchen	18, 22
F_{15}	zu spätes Einsetzen der Bewegung	18

Karte 38

Erlernen und Vervollkommnen schwimmtechnischer Fertigkeiten

Tiefe Rückenkraulwende – Lernprozeß

- Erklären der Wende an Land, Demonstrieren im Wasser
- Rollübungen an Land, im Wasser mit Bewegungsführung und Partnerunterstützung
- Üben im Wasser aus der Rückenlage, Drehungen um alle drei Körperachsen, bei Drehungen rückwärts um die Breitenachse Bogenspannung einnehmen
- aus der Schwimmbewegung, Einnahme der Bogenspannung und anschließender Überschlag
- aus der Schwimm- oder Gleitbewegung im Freiwasser, Einnehmen der Bogenspannung mit schnellem Anhocken der Beine und gleichzeitiger Drehung
- aus einer Schwimmbewegung, Anschlag und Hocken der Beine über Wasser zur Wand, mit Bewegungsführung
- Anschwimmen → Anschlag mit Drehung um die Breiten- und Tiefenachse, Beachtung des Kopfeinsatzes
- Anschlag, Drehung mit sicherem Ansatz der Füße
- Anschwimmen, Anschlag, Drehung → sicherer Ansatz der Füße, Arme befinden sich vor dem Kopf
- Abstoß unter Wasser mit bewußt weitem Ausgleiten (Beachtung der Steuerfunktion der Arme und des Kopfes)
- Anschwimmen, Anschlag, Drehung → Abstoß mit bewußt weitem Ausgleiten (besondere Beachtung der Steuerfunktion der Arme und des Kopfes)
- Abstoß unter Wasser mit Übergang in die Schwimmbewegung (einseitiger Armeinsatz!)
- Anschwimmen, Anschlag, Drehung, Abstoß → Übergang in die Schwimmbewegung (einseitiger Armeinsatz!)
- Koordination der Teilbewegungen und Üben der Wende im 10-m-Bereich

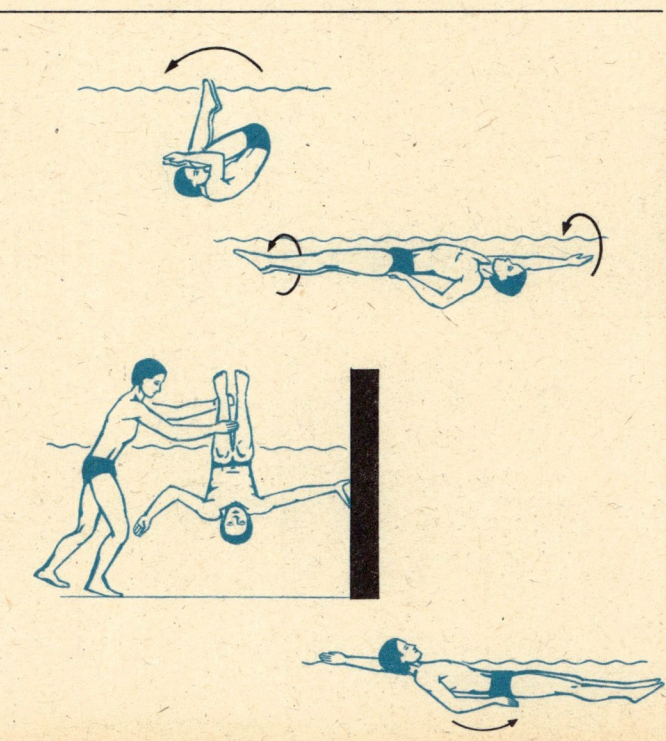

Technik

Erlernen und Vervollkommnen schwimmtechnischer Fertigkeiten

Tiefe Rückenkraulwende – Fehler

		verbale Hinweise
Anschwimmen, Anschlag		
F_1	kein Anschlag	4
F_2	gestörter Rhythmus vor der Wand	1
F_3	Geschwindigkeitsminderung vor der Wand	1
F_4	zu hoher Anschlag	3
F_5	Finger zeigen nicht in Drehrichtung	5
Drehung		
F_6	Beine nicht über Wasser zur Wand	9
F_7	keine Bogenspannung	7, 8
F_8	nicht oder schlecht gehockt	9, 10
F_9	Beine kommen zu langsam zur Wand	9
Abstoß		
F_{10}	zu schwacher Abstoß	16
F_{11}	Hüfte höher als Schulter	15, 17
F_{12}	nur mit einem Bein	16
F_{13}	Abstoß in Brustlage	17
F_{14}	keine vollständige Streckung des Körpers	19
F_{15}	schräger Abstoß	17
F_{16}	zu tief oder zu flach	20
Übergang in die Schwimmbewegung		
F_{17}	zu frühes oder zu spätes Einsetzen der Bewegungen	20
F_{18}	falsche Reihenfolge des Einsatzes der Teilbewegungen	21
F_{19}	Doppelarmzug	
F_{20}	zu frühes oder zu spätes Auftauchen	22, 23
Verbindung der Teilbewegungen		
F_{21}	größere Pausen zwischen den Phasen	24, 25
F_{22}	ruckartige Verbindung der Einzelbew.	24, 25

F 1

F 4/7

F 8

F 11

F 16

Karte 39

Erlernen und Vervollkommnen schwimmtechnischer Fertigkeiten

Tiefe Kraulwende – Lernprozeß

- Erklären der Wende an Land, Demonstrieren im Wasser
- Rollübungen an Land, Rollübungen im Wasser (Rolle vorwärts, deutlich Kinn zur Brust)
- Üben von Drehungen um alle drei Körperachsen
- im Freiwasser aus der Ruhestellung, Doppelarmzug und Ansatz zur Rollbewegung
- aus der Schwimm- oder Gleitbewegung → Doppelarmzug und Rolle vorwärts mit verzögertem Kopfeinsatz
- aus der Gleitbewegung, Doppelarmzug und Drehung um die Breiten- und Längsachse bei gleichzeitigem schnellem Anhocken der Beine mit Bewegungsführung
- Anschwimmen, Doppelarmzug → Drehung um die Breiten- und Längsachse bei gleichzeitigem schnellem Anhocken der Beine in Richtung Wand
- Anschwimmen, Doppelarmzug, Drehung → Verkürzung des Abstandes zur Wand, bis zum sicheren Ansatz der Füße Abtauchen vor der Wand auf akustisches Signal
- Abstoß unter Wasser mit bewußt langem Ausgleiten und Drehen in die Gleitbootlage (besondere Beachtung der Steuerfunktion der Arme und des Kopfes)
- Anschwimmen, Drehung, sicherer Ansatz der Füße → kräftiger Abstoß mit bewußt langem Ausgleiten und Drehen in die Gleitbootlage
- Abstoß unter Wasser mit Übergang in die Schwimmbewegung
- Anschwimmen, Drehung, Abstoß → Übergang in die Schwimmbewegung
- Koordination der Teilbewegungen und Üben der Wende im 10-m-Bereich

Technik

Erlernen und Vervollkommnen schwimmtechnischer Fertigkeiten

Tiefe Kraulwende – Fehler

		verbale Hinweise
Anschwimmen		
F_1	zu dicht an die Wand geschwommen	1
F_2	gestörter Rhythmus vor der Wand	4
F_3	Anschlag mit einer Hand	5
F_4	Geschwindigkeitsminderung vor der Wand	1
F_5	kein Doppelarmzug	3
F_6	Beginn des Doppelarmzuges zu früh oder zu spät	4
Drehung		
F_7	Beine nicht über Wasser zur Wand gehockt	6
F_8	Kopf im Nacken	4
F_9	Beine zu langsam zur Wand gehockt	6
Abstoß		
F_{10}	zu schwacher Abstoß	10, 13
F_{11}	Abstoß in Rückenlage	11
F_{12}	nur mit einem Bein	13
F_{13}	Hüfte höher als Schulter	11
F_{14}	keine vollständige Streckung des Körpers	14
F_{15}	schräger Abstoß	7, 13
F_{16}	zu tief oder zu flach	13, 15
Übergang zur Schwimmbewegung		
F_{17}	falsche Reihenfolge des Einsetzens der Bewegungen	16
F_{18}	zu frühes oder zu spätes Einsetzen der Schwimmbewegungen	15
Verbindung der Teilbewegungen		
F_{19}	größere Pausen zwischen Bewegungen	18
F_{20}	kein fließender Übergang	18, 19

F 1

F 3

F 7/8

F 13

F 14/16

Karte 40

Erlernen und Vervollkommnen schwimmtechnischer Fertigkeiten

Hohe/seitliche Brust- und Schmetterlingswende – Lernprozeß

- Erklären der Wende an Land, Demonstrieren im Wasser
- aus der Beinbewegung Anschlag mit beiden Händen gleichzeitig an eine Markierung
- Üben von Anschwimmen und Anschlag
- an Land → Drehungen aus dem Stand an der Wand
- im Freiwasser → Drehungen um die Tiefen- und Breitenachse
- Drehungen aus dem Anschlag ohne Anschwimmen
- Anschwimmen, Anschlag → Beine unter Wasser zur Wand hocken und gleichzeitig mit den Händen seitlich von der Wand wegdrücken
- Drehungen mit bewußtem Einatmen auf Signal
- Anschwimmen, Anschlag → Drehung an der Wasseroberfläche mit gleichzeitigem Einatmen, sicherer Ansatz der Füße
- Abstoß unter Wasser mit bewußt weitem Ausgleiten (besondere Beachtung der Steuerfunktion der Arme und des Kopfes)
- Anschwimmen, Anschlag, Drehung, Ansatz der Füße → kräftiger Abstoß mit bewußt weitem Ausgleiten (besondere Beachtung der Steuerfunktion der Arme und des Kopfes)
- Brust: Abstoß → einen Tauchzug
  Schmetterling: Abstoß → zwei bis drei Delphinbewegungen
- Anschwimmen, Anschlag, Drehung, Abstoß → Übergang in die Schwimmbewegung (Brust: einen Tauchzug, Schmetterling: zwei bis drei Delphinbewegungen)
- Koordination der Teilbewegungen und Üben der Wende im 10-m-Bereich

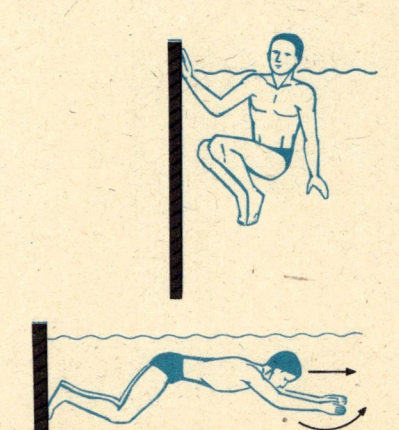

Technik

Erlernen und Vervollkommnen schwimmtechnischer Fertigkeiten

Hohe/seitliche Brust- und Schmetterlingswende – Fehler

		verbale Hinweise
Anschwimmen – Anschlag		
F_1	gestörter Rhythmus vor der Wand	1, 2
F_2	Anschlag erfolgt nicht mit beiden Händen zu gleicher Zeit	3
F_3	Geschwindigkeitsminderung vor der Wand	1
F_4	Hände fassen auf den Beckenrand	4
Drehung		
F_5	keine vollständige Drehung um 180°	12
F_6	Hände drücken Körper nicht in Drehrichtung	7
F_7	Beine zu langsam zur Wand gebracht	6
F_8	zu frühes Einatmen	8
Abstoß		
F_9	zu schwacher Abstoß	18
F_{10}	Hüfte höher als Schulter	16
F_{11}	nur mit einem Bein	13, 18
F_{12}	keine vollständige Streckung des Körpers	20
F_{13}	zu tief oder zu flach	18, 21
F_{14}	schräger Abstoß	19
F_{15}	Körper liegt nicht waagerecht im Wasser	15, 19
Übergang zur Schwimmbewegung		
F_{16}	falsche Reihenfolge des Einsetzens	22, 23
F_{17}	zu frühes oder zu spätes Einsetzen	21
F_{18}	mehr als einen Bewegungszyklus unter Wasser (nur bei Brust)	22
F_{19}	kein Tauchzug; (nur bei Brust)	22
Verbindung der Teilbewegungen		
F_{20}	größere Pausen	25, 26
F_{21}	ruckartige Verbindung	26

Karte 41

Trainingsmethodik

Im Sportschwimmen haben sich in den letzten Jahrzehnten bestimmte Trainingsprinzipien (Grundsätze) herausgebildet, die auch im Übungs-, Trainings- und Wettkampfbetrieb und auch im Massensport beachtet und durchgesetzt werden müssen.

Prinzip der ganzjährigen Belastung

Das Training zur Ausprägung der Leistungsfaktoren (Ausdauer, Kraftfähigkeit, Schnelligkeitsfähigkeit) muß ganzjährig erfolgen. Sollte in den Wintermonaten kein Bad zur Verfügung stehen, ist das Training mit Athletikeinheiten fortzusetzen. Diese Einheiten sind nicht als Ersatz für das Schwimmtraining anzusehen, sondern als notwendige Ergänzung. Im Prozeß eines ganzjährigen Trainings zeigt sich nämlich sehr deutlich, daß bestimmte Leistungsfaktoren wie Kraftfähigkeit, Kraftausdauer, Schnellkraftfähigkeit, Schnelligkeitsfähigkeit weitaus besser mit Körperübungen an Land entwickelt und vervollkommnet werden als im Wasser. Der zeitweilige Rückgang in den Schwimmleistungen wird mit Wiederbeginn des Wassertrainings relativ rasch aufgeholt, und das schwimmerische Leistungsvermögen kann infolge der besseren Ausprägung der allgemeinen Leistungsfaktoren zielgerichtet mit höheren Entwicklungsraten verbessert werden.

Prinzip der ansteigenden Belastung

Jeder Sportler, der einem regelmäßigen ganzjährigen Training nachgeht, ist bestrebt, seine sportliche Leistung zu verbessern. Das ist aber nur möglich, wenn auch die Belastung erhöht wird, da zwischen Belastung und Leistung gesetzmäßige Zusammenhänge bestehen. Standardbelastungen, die

Trainingsprinzipien

nicht erhöht werden, verlieren bald ihren Trainingseffekt und tragen nur noch ungenügend oder gar nicht mehr zur Entwicklung der Leistungsfähigkeit bei.
Stagnation in der Belastung bedeutet Stagnation in der sportlichen Leistungsfähigkeit!
Welche Möglichkeiten zur planmäßigen Belastungserhöhung stehen dem Übungsleiter unter den Bedingungen des Trainings in einer Sportgemeinschaft zur Verfügung?
1. Erhöhung der Trainingshäufigkeit im Wochenverlauf; z. B. durch die zusätzliche Durchführung einer Athletikeinheit in bestimmten Trainingsabschnitten oder durch zusätzliche Übungen an Land, die die Sportler täglich selbständig durchzuführen haben.
2. Erhöhung des Belastungsumfangs je Trainingseinheit durch planmäßige Verkürzung der Pausen zwischen den Teilstrecken und Serien bei relativ gleichbleibenden Vorgaben für die Schwimmgeschwindigkeiten.
3. Planmäßige Erhöhung der Schwimmgeschwindigkeiten auf den einzelnen Teilstrecken bei relativ gleichbleibenden oder auch verkürzten Pausen.

Prinzip der Akzentuierung und Zyklisierung

Obwohl die Notwendigkeit besteht, alle Leistungsfaktoren im ganzjährigen Training zu entwickeln, ist es erforderlich, für die einzelnen Trainingsabschnitte bestimmte Akzente für die verstärkte Ausprägung einzelner Leistungsvoraussetzungen zu setzen.
In der *Übergangsperiode* (September bis Dezember) sollten z. B. verstärkt allgemeine Ausdauer, Kraft- und Schnelligkeitsfähigkeit mit vorwiegend allgemeinen Mitteln (Übungen aus

Trainingsmethodik

der Leichtathletik, den Sportspielen und wenn möglich auch aus dem Skisport) entwickelt und weiter ausgeprägt werden.

In der *Vorbereitungsperiode* (Januar bis April) sollten bei der weiteren Ausprägung der Leistungsfaktoren verstärkt spezielle Mittel zum Einsatz kommen.

Auf diesen Grundlagen ist in der *Wettkampfperiode* (Mai bis August) die Belastung zu intensivieren, wobei der Trainingsumfang vor den Hauptwettkämpfen etwas zu reduzieren ist.

Die „Kunst" des Übungsleiters besteht u. a. darin, in einzelnen Trainingsabschnitten bestimmte Faktoren verstärkt zu entwickeln, aber alle anderen nicht zu vernachlässigen.

Erfahrungen aus der Trainingspraxis der letzten Jahre haben besonders im Nachwuchsbereich gezeigt, daß zur besseren Überschaubarkeit und akzentuierten Belastungsgestaltung die einzelnen Trainingsabschnitte in Wochen- und Monatszyklen einzuteilen und dafür jeweils Schwerpunkte für die Ausprägung einzelner Leistungsfaktoren (das betrifft gleichermaßen die Konditionierung und die technische Entwicklung) zu setzen sind.

Wichtig ist dabei, daß der Grundsatz beachtet wird: Bei Wiederholung von Zyklen mit gleicher Akzentuierung ist der nachfolgende Zyklus stets mit höherer Belastung (Umfang oder Intensität) zu realisieren.

Trainingsprinzipien

Prinzip der Vielseitigkeit

Dieses Prinzip erfordert im Schwimmtraining in dreierlei Hinsicht entsprechende Beachtung:

1. Um zu erkennen, für welche der vier Sportschwimmarten die einzelnen Sportler besonders geeignet sind, sollen im Training alle Trainingsmittel und besonders auch das Lagenschwimmen eingesetzt werden.

2. Der Einsatz aller Sportschwimmarten, ihrer Teilbewegungen und Kombinationen beugt einer gewissen Monotonie im Training vor, die sich nachteilig auf die Trainingsbereitschaft und auf die Leistungsentwicklung auswirken kann.

3. Die unterschiedlichen Wettkampfstrecken im Übungs-, Trainings- und Wettkampfbetrieb sowie im Massensport (50-m- bis Langstreckenschwimmen in offenen Gewässern) verlangen gute Ausdauer- und Schnelligkeitsgrundlagen.

Entscheidend für den Erfolg des Trainings ist letztlich, daß durch die bewußte Anwendung der Trainingsprinzipien die gesetzmäßigen Beziehungen zwischen Belastung, Erholung und Anpassung ein Anstieg der Belastungs- und Leistungsfähigkeit erreicht wird.

Karte 42

Trainingsmethodik

Gesetzmäßige Beziehungen zwischen Belastung, Erholung und Anpassung
Die Überkompensation ist Grundlage für eine Leistungssteigerung. Belastung und Erholung sind daher eine Einheit.

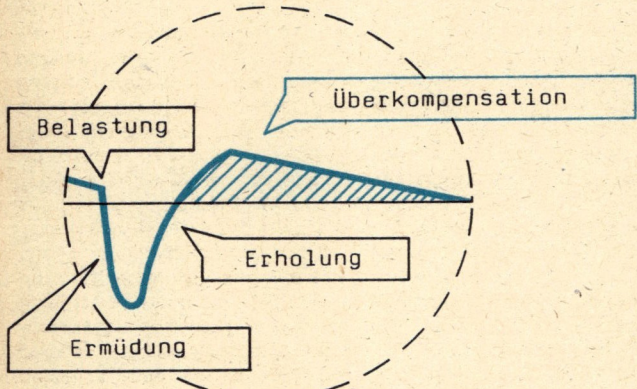

Trainingsprinzipien

Summation der Trainingseffekte
Belastung in größeren Zeitabständen – geringer Anstieg der Leistungs- und Belastungsfähigkeit
Belastung in kürzeren Zeitabständen – guter Anstieg der Leistungs- und Belastungsfähigkeit
Belastung zum Höhepunkt der Überkompensationsphase – optimaler Leistungsanstieg (nur bei täglichem Training erreichbar)

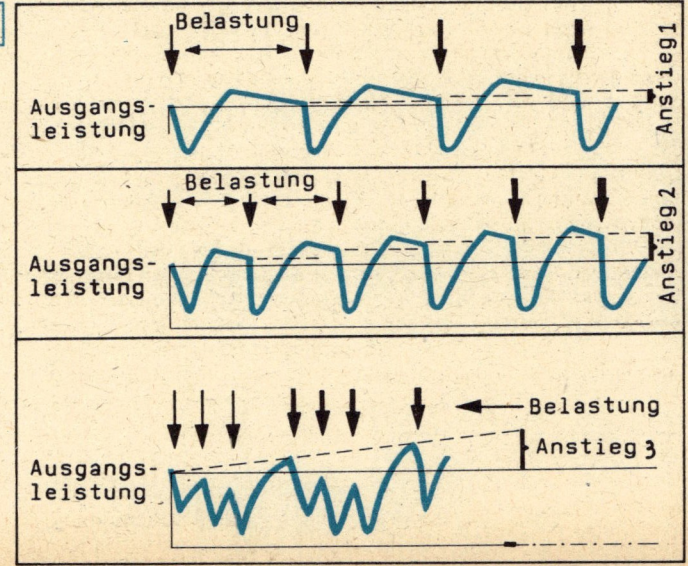

Trainingsmethodik

Entwicklung konditioneller Fähigkeiten im Wasser

Die Körperübungen im Wasser (Schwimmarten, Teilbewegungen, Kombinationen) sind die grundlegenden Trainingsmittel für den Schwimmer.
Ihr trainingsmethodisch richtiger Einsatz ermöglicht,
- die konditionellen Leistungsvoraussetzungen in Einheit mit der technischen Vervollkommnung gezielt und planmäßig herauszubilden,
- die Belastbarkeit systematisch zu erhöhen und die Wiederherstellung zu beschleunigen.

Spezielle Körperübungen zur Entwicklung konditioneller Fähigkeiten im Wasser

Körperübungen	Allgem. Ausdauer	Grundschnelligkeit	Reaktionsschnelligkeit
Kraulschwimmen			
Gesamtbewegung	***	***	
Armbewegung	**	**	
Beinbewegung	**	***	
Rückenkraulschwimmen			
Gesamtbewegung	***	***	
Armbewegung	*	**	
Beinbewegung	**	***	
Brustschwimmen			
Gesamtbewegung	**	***	
Armbewegung	*	**	
Beinbewegung	**	***	
Schmetterlingsschwimmen			
Gesamtbewegung	*	***	
Armbewegung	*	**	
Beinbewegung	**	***	
Schwimmkombinationen			
Kraularmbewegung/Delphinbewegung	*	**	
Brustarmbewegung/Kraulbeinbewegung		*	
Schmetterlingsarmbewegung/Kraulbeinbewegung		**	
Schmetterlingsarmbewegung/Brustbeinbewegung		*	
Flossenschwimmen			
Gesamtbewegung	***	*	
Beinbewegung	**	*	
Starts		***	***
Wenden		**	**

*** – sehr gut geeignet   ** – gut geeignet   * – geeignet

Karte 43

Trainingsmethodik

Allgemeine Körperübungen zur Entwicklung konditioneller Fähigkeiten im Wasser (Auswahl)

Körperübungen	Allgem. Ausdauer	Grund-schnelligkeit	Reaktions-schnelligkeit
Schwimmkombinationen			
Rückengleichschlag-Arme/Rückenkraul-Beine	*	*	
Rückengleichschlag-Arme/Delphinbewegung	*	*	
Spiele			
– Wasserball	**	**	*
– Korbwasserball	**	*	*
– Raufball im Wasser	*	*	*
– Kleine Spiele im Wasser	**	**	**

Entwicklung konditioneller Fähigkeiten im Wasser

Methodisches Vorgehen zur Entwicklung konditioneller Fähigkeiten im Wasser

Im Schwimmtraining werden zur Entwicklung der konditionellen Fähigkeiten vor allem die
— Wiederholungsmethode,
— Intervallmethode und
— Dauermethode
angewendet, deren konkrete Wirkung im wesentlichen von folgenden Belastungsfaktoren beeinflußt wird:
— Länge der Strecke bzw. Teilstrecke
— Anzahl der Teilstrecken
— Geschwindigkeit (Intensität)
— Pausendauer.
Die grundsätzlichen Beziehungen zwischen den Belastungsfaktoren werden durch das folgende Schema verdeutlicht.

	TSL	ATS	Geschw.	Pause
intensiv				
Wiederholungsmethode	kurz	viele	hoch	lang
Intervallmethode	↑↓	↑↓	↑↓	↑↓
Dauermethode				
extensiv	lang	wenige	niedrig	kurz

TSL — Teilstreckenlänge
ATS — Anzahl der Teilstrecken

Trainingsmethodik

Entwicklung konditioneller Fähigkeiten im Wasser

Entwicklung der Ausdauer

Die für alle Disziplinen des Sportschwimmens notwendige Ausdauer (Grundlagenausdauer) wird sowohl mit intensiven wie auch mit extensiven Formen entwickelt. Als hauptsächliche Methoden werden dazu die Intervall- und Dauermethode angewendet. Um die erforderlichen Anpassungsvorgänge im Organismus, besonders im Herz-Kreislauf-System, auszulösen und dadurch eine Verbesserung der Ausdauerfähigkeit beim Sportler zu erreichen, ist für diese Aufgabenstellung ein Zeitraum von mindestens 30 min je Trainingseinheit vorzusehen, in welchem während der einzelnen Teilstrecken (Intervallmethode) bzw. während der gesamten Zeit (Dauermethode) Herzfrequenzen von mehr als 145 Schl./min angestrebt werden müssen. Diese Herzfrequenzen werden erreicht, wenn die einzelnen Teilstrecken mit wenigstens 85 % der Schwimmgeschwindigkeit, bezogen auf die aktuelle Bestleistung auf dieser Streckenlänge, und mindestens 90 % beim Einsatz der Dauermethode betragen. Um einer gewissen Monotonie im Ausdauertraining zu entgehen, sollte der Übungsleiter die verschiedenen Formen der Dauermethode
— kontinuierliche Methode (gleichmäßige Belastung),
— Wechselmethode (unregelmäßiger Belastungswechsel),
— Fahrtspiel (unregelmäßiger Belastungswechsel)
ebenso nutzen wie die vielfältigen Varianten der Intervallmethode (variieren: Teilstreckenlänge, Schwimmgeschwindigkeit, Pausenlänge, Pausengestaltung).
Da sich auch alle Varianten für die Zusammenstellung von Serien eignen, dürfte der Übungsleiter keine Probleme für die Gestaltung eines abwechslungsreichen und wirkungsvollen Ausdauertrainings haben.

Dauermethode

Die Dauermethode kann mit Zeit- (30 bis 60 min) oder mit Streckenvorgabe (800 bis 2000 m) realisiert werden. Allein durch diese Vorgaben wird deutlich, daß für die Anwendung der Dauermethode ein relativ hohes Niveau der schwimmtechnischen Fertigkeiten und auch der Ausdauer vorhanden sein muß, um die geforderten Strecken oder Zeiten ohne wesentlichen Qualitätsabfall der sportlichen Technik und mit möglichst gleichbleibender Geschwindigkeit (90 % bzw. Herzfrequenz mindestens 145 Schl./min) zu durchschwimmen.
Für eine erfolgreiche Vorbereitung z. B. auf Langstreckenschwimmen in freien Gewässern ist die Ausprägung der Ausdauer mit der Dauermethode unerläßlich. Für leistungsstärkere Sportler bietet sich für die Belastungserhöhung die Einlagerung von „Tempoeinlagen" (95 %) über kürzere Strecken (50 bis 100 m) an.

Intervallmethode

Die Intervallmethode sichert im Sportschwimmen ein breites Anwendungsfeld für die Entwicklung und Ausprägung der Ausdauer. Das Grundprinzip der Intervallmethode besteht darin, daß mehrere Teilstrecken mit gleicher Geschwindigkeit durchschwommen werden, zwischen denen kurze Pausen eingelagert werden, die nicht zur vollständigen, sondern nur zur teilweisen Wiederherstellung der Leistungsfähigkeit (Herzfrequenz etwa 120 Schl./min) führen.
Bei entsprechender Beachtung der Beziehungen zwischen den vier Belastungsfaktoren (vgl. Prinzipskizze) ergeben sich daraus zahlreiche Varianten für die Belastungssteigerung und auch für die Gestaltung eines abwechslungsreichen und interessanten Trainings.

Karte 44

Trainingsmethodik

Entwicklung konditioneller Fähigkeiten im Wasser

Entwicklung der Grundschnelligkeit

Die Entwicklung der Schnelligkeit sollte parallel zur Ausdauerentwicklung über das gesamte Trainingsjahr durch Einsatz der Wiederholungsmethode erfolgen, wobei gewisse Akzentuierungen (Erhöhung der Schnelligkeitsanteile) vor Wettkämpfen anzustreben sind.

Die Ausprägung der Schnelligkeitsfähigkeiten im Schwimmen setzt ein gewisses Maß an Kraft und eine relativ schnelle Ausführung zyklischer Bewegungsabläufe voraus, was sich bei der Realisierung von Schnelligkeitsforderungen im Training durch ein kraftbetontes Schwimmen mit hoher Bewegungsfrequenz und maximaler Schwimmgeschwindigkeit widerspiegelt. Diese Forderungen lassen sich infolge der begrenzten Energievorräte in den Muskelzellen (energiereiche Phosphate) nun über kurze Zeiträume von 6 bis 8 s aufrechterhalten. Das entspricht im Schwimmen etwa einer Streckenlänge von 10 m. Danach tritt bereits ein deutlicher Geschwindigkeitsabfall ein.

Im Training geforderte „Sprints" über 25 und 50 m, die durchaus mit einer relativ hohen Geschwindigkeit zurückgelegt werden, fördern weitaus stärker die Schnelligkeitsausdauer als die Schnelligkeitsfähigkeit. Dieser Umstand wird in der Trainingspraxis auch noch dadurch begünstigt, daß die für Schnelligkeitsforderungen notwendigen längeren Pausen (3—5 min) nicht eingehalten werden, der nächste Sprint oft bereits nach 1 min absolviert wird und der Organismus noch nicht in der Lage war, seine Energievorräte in den Muskelzellen wieder „aufzuladen". Grundsätzlich ist bei der Entwicklung und Ausprägung der Schnelligkeitsfähigkeit im Sportschwimmen zu sichern, daß die Belastung nur über 6 bis 8 s erfolgt und die nächste Schnelligkeitsforderung erst nach einer völligen Wiederherstellung (Ruhepuls) realisiert werden kann. Die Hauptmethode hierzu ist die Wiederholungsmethode. Sie wird durch kurze Teilstrecken, maximale Geschwindigkeiten und individuell unterschiedlich lange Pausen charakterisiert.

Konkrete Anregungen für die Gestaltung einzelner Trainingseinheiten zur Entwicklung und Ausprägung der Leistungsfaktoren Ausdauer und Schnelligkeitsfähigkeit sind den Trainingsprogrammen im Kapitel 4 der Anleitung zu entnehmen.

Trainingsmethodik

Entwicklung konditioneller Fähigkeiten im Wasser

Übersicht zur methodischen Gestaltung des Schnelligkeitstrainings

Trainings-methode	Körperübungen	Belastungsfaktoren				Anforderung an das Niveau der Körperübungen
		Teilstr. (Dauer)	Anz. der Teilstr.	Geschw.	Pause	
Wiederholungs-methode (Variante I)	– Gesamt- und Einzel-bewegung in allen Schwimmarten			maximal	3–5 min	höchste Bewe-gungsfrequenz, kräftiger Ab-druck
	– mit Startsprung	12,5–15 m	4–8			
	– mit Abstoß	bis 10 m	4–12			
	– Start- und Wenden-übungen	bis 10 m	4–12			
	– mit Flossen	bis 20 m	4–8			
	– Balldribbeln	bis 10 m	4–12			
Wiederholungs-methode (Variante II) Wechsel maxim. Schwimm-geschwindigkeit und aktive Er-holung	– Gesamt- und Einzel-bewegung in allen Schwimmarten	100 m inten-siv Einlagen 5–10 m	bis 4	maximal	ohne	höchste Bewe-gungsfrequenz, kräftiger Ab-druck
	– Start- und Wenden-übungen Antritte Kompensations-strecken	25–50 m	bis 4	unter 80 %	ohne	ökonomische Bewegungsaus-führung mit stark verlänger-ter Gleitphase

Trainingsmethodik

Entwicklung konditioneller Fähigkeiten im Wasser

Es muß grundsätzlich beachtet werden, daß für die richtige Wahl der Teilstreckenlänge das schwimmtechnische Niveau entscheidend ist.

Die Intervallmethode wird für die Ausdauerentwicklung wirkungslos, wenn es bereits in der Mitte der Teilstrecke zu einem merklichen Technikabfall kommt und dadurch die vorgeschriebene Geschwindigkeit nicht mehr eingehalten werden kann. Gleichzeitig entstehen durch einen zu frühzeitigen Einsatz längerer Teilstrecken technische Mängel im Bewegungsablauf der einzelnen Schwimmarten, die in der Folgezeit nur sehr schwer wieder abzustellen sind. Die „Kunst" des Übungsleiters besteht beim Einsatz der Intervallmethode darin, auf der Grundlage einer realen Einschätzung des technischen Leistungsstandes seiner Sportler die „richtige" Streckenlänge auszuwählen und mit der notwendigen Geduld die Belastung zunächst durch Erhöhung der Wiederholungsanzahl und Pausenverkürzung zu steigern, bis das technische Niveau so weit gefestigt ist, daß eine Verlängerung (in der Praxis Verdopplung) der Schwimmstrecke möglich wird.

In der Trainingspraxis ist in den letzten Jahren im Zusammenhang mit den Stoffwechselprozessen im Organismus die Erkenntnis gereift, daß es ratsam ist, zwischen einer extensiven Form und einer intensiven Form der Intervallmethode zu unterscheiden.

Die **extensive Intervallmethode** schließt Teilstrecken zwischen 200 und 800 m ein und nähert sich in der Tendenz der Dauermethode (oxydative Stoffwechselprozesse), während die **intensive Intervallmethode** den Anschluß zur Wiederholungsmethode herstellt und vorwiegend laktazide glykolytische Stoffwechselprozesse erwirkt.

Trainingsmethodik

Entwicklung konditioneller Fähigkeiten im Wasser

Übersicht zur methodischen Gestaltung des Ausdauertrainings

Trainings-methode	Körperübungen	Belastungsfaktoren				Anforderungen an das Niveau der Körper-übung
		Teilstr.-Dauer	Anz. der Teilstr.	Geschw.	Pause	
Dauer-methode	Kraul-Gesamtbewegung	30–60 min	1	90 %	ohne	Technik stabil
	Kraul/Rücken im Wechsel		2–3	85–90 %	1–2 min (passiv)	keine Verkürzung des Armzuges
	Gesamtbewegung mit Einlagen Einzelbewegung Lagenschwimmen Flossenschwimmen	800–2000 m	1	90 %	ohne	
Extensive Intervall-methode	Gesamt- und Einzel-bewegung in allen Schwimmarten	200–800 m	4–8	85 %	1 min–20 s	Technik stabil
	Lagenschwimmen Flossenschwimmen Kombinationen		1–2	über 85 %	1–2 min	keine Verkürzung der Armzüge
Intensive Intervall-methode	Gesamt- und Einzel-bewegung in allen Schwimmarten	25 m 50 m 100 m 200 m	8–16 8–12 4–10 4–6	über 85–90 % der akt. Bestzeit auf der entspr. Strecke	10 s–1 min	Technik stabil bei unterschied-lichen Geschwindigkeiten

Karte 46

Trainingsmethodik

Entwicklung konditioneller Fähigkeiten im Wasser

Intensität für Teilstreckenlängen 50 bis 200 m

100 %	95 %	90 %	85 %	100 %	95 %	90 %	85 %
30	31,6	33,3	35,3	40	48	58	08
35	36,8	38,9	41,1	45	54	3:03	14
40	42,1	44,3	47,1	50	59	09	20
45	47,4	50,0	52,9	55	3:04	15	26
50	52,6	55,6	58,8	3:00	09	20	3:32
55	57,9	1:01,1	1:04,6	05	15	26	38
1:00	1:03,1	06,7	10,6	10	20	3:31	44
05	08	12	16,5	15	25	36	50
10	14	18	22	20	3:31	42	55
15	19	23	28	25	36	48	4:01
20	24	29	1:34	3:30	41	53	07
25	29	1:34	40	35	46	59	13
1:30	1:34	40	46	40	52	4:04	19
35	40	45	52	45	57	10	25
40	45	51	58	50	4:02	16	4:31
45	50	57	2:04	55	08	21	37
50	56	2:02	10	4:00	13	27	42
55	2:01	08	15				
2:00	06	13	21				
05	12	19	27				
10	17	25	2:33				
15	22	2:30	39				
20	27	36	45				
25	2:33	41	50				
2:30	38	47	56				
35	43	52	3:02				

Die Fehlergröße beträgt ± 1 Sekunde. Die nicht aufgeführten Zeiten berechnen sich aus der Differenz (100 %) zu der entsprechenden Intensität; z. B. 100 % − Zeit 2:37, Differenz zur nächstbesseren Zeit = 2 s. Diese 2 s addiert zu 2:52 (für 90 % von 2:37) ergibt 2:54 (= 90 % von 2:37). Nach dem gleichen Prinzip können Tabellen für andere Streckenlängen aufgestellt werden.

Trainingsmethodik

Das Training an Land, besonders zur Entwicklung und weiteren Vervollkommnung der für das Sportschwimmen notwendigen Kraft-, Kraftausdauer-, Schnellkraft- und Schnelligkeitsvoraussetzungen sowie einer großen Beweglichkeit, ist fester Bestandteil des Trainings im Sportschwimmen.

Eine zielgerichtete, planmäßige Belastung mit Körperübungen an Land wird durch einzelne Trainingseinheiten, kombinierte Land-Wasser-Einheiten und Gymnastikprogramme vor dem Wassertraining realisiert.

Wesentliche Belastungsfaktoren, die analog zum Wassertraining ebenso in bestimmten Beziehungen zueinander stehen, sind:
– Höhe des Belastungswiderstandes,
– Anzahl der Übungen,
– Bewegungsfrequenz,
– Belastungsdauer,
– Dauer und Gestaltung der Pausen.

Zu beachten ist, daß die Wirkung des Landtrainings auf die aktuelle Schwimmleistung nicht nur vom Ausprägungsgrad der an Land entwickelten konditionellen Grundlagen abhängt, sondern auch vom Vermögen des Sportlers, diese im Wasser umzusetzen.

Die rationelle methodische Gestaltung des Trainings an Land verlangt die Beachtung folgender Kriterien für die Auswahl der Körperübungen:
– Grad der Wirksamkeit hinsichtlich der Entwicklung vielseitiger, aber auf Schwimmen ausgerichteter konditioneller Leistungsvoraussetzungen sowie der Beweglichkeit,
– Grad der Wirksamkeit hinsichtlich der Spezialisierung für bestimmte Schwimmarten und Wettkampfstrecken,

Entwicklung konditioneller Fähigkeiten an Land

– Vielfalt der Bewegungserfahrungen,
– wirksame langfristige Einsatzmöglichkeit,
– erzieherisch emotionale Wirkung bei Beachtung der Alters- und Geschlechtsspezifik,
– vielseitige Wirkung auf alle Muskelgruppen und akzentuiert auf die am Vortrieb beteiligten.

Körperübungen zur Entwicklung konditioneller Fähigkeiten an Land

Aufgabe	Körperübungen
Beweglichkeit	Übungen mit und ohne Gerät zur Entwicklung der aktiven und passiven Beweglichkeit im Schultergürtel, Hüft- und Fußgelenk (Stab, Reifen, Handtuch, Seil, Keule, Sprossenwand)
Allgemeine Kraftausdauer	– Übungen ohne, mit und am Gerät zur Entwicklung der Rumpf-, Rücken-, Bauch-, Arm- und Beinmuskulatur – Klettern, Raufball, Ringkampf, Krebsfußball (Rundgewichte, Hanteln, Medizinball, Impander, Seil)
Allgemeine Schnelligkeit/ Schnellkraft	– Übungen ohne, mit und am Gerät – Sprints, Sprünge, Würfe und Stöße mit Medizinball

Karte 47

Trainingsmethodik

Aufgabe	Körperübungen
Allgemeine Ausdauer	– Reaktionsübungen und -spiele – Kleine Spiele – Übungen mit leichten Gewichten (2 kg) – Laufspiele: Fußball, Basketball, Handball – Dauerläufe (Cross-, Wald- und Bahnläufe) – Intervalläufe – Skilauf
Spezielle Kraft	Zugübungen am Gummiseil und Zugschlitten

Methodisches Vorgehen

Die Herausbildung konditioneller Fähigkeiten im Landtraining erfolgt ebenso wie im Schwimmtraining mit folgenden Methoden:
– Dauermethode (mit gleichbleibender oder wechselnder Intensität),
– extensive Intervallmethode,
– intensive Intervallmethode,
– Wiederholungsmethode.

Eine gewisse Sonderstellung nimmt die Entwicklung der Beweglichkeit ein, die weder den technischen Fertigkeiten noch den konditionellen Fähigkeiten zuzuordnen ist und demzufolge im methodischen Vorgehen besondere Verfahren erfordert.

Entwicklung konditioneller Fähigkeiten an Land

Einsatz der Trainingsmethoden im Landtraining

Aufgabe	Dauermethode	Extensive Intervallmethode	Intensive Intervallmethode	Wiederholungsmethode
Beweglichkeit				(*)
Allg. Kraftausdauer	•	•	•	
Allg. Schnelligkeit, Schnellkraft				•
Allg. Ausdauer	•	•	•	
Spezielle Kraft	•	•	•	•

Ausbildung der Beweglichkeit

Die Beweglichkeit ist planmäßig nur mit richtig ausgeführten Bewegungen und einer genügend hohen Wiederholungsanzahl (> 15) weiterzuentwickeln. Wesentliche Formen sind:
– 15- bis 20minütige Übungsprogramme am Beckenrand unmittelbar vor der Wassereinheit (vgl. Gymnastikprogramme),
– 20- bis 60minütige Trainingseinheiten in einer Turnhalle oder in einem Gymnastikraum,
– 10- bis 15minütige Beweglichkeitsprogramme als Bestandteil einer Trainingseinheit an Land,
– Einzelübungen zur Dehnung und Entspannung innerhalb des Stationsbetriebes und Kreistrainings zur Entwicklung der Kraftausdauerfähigkeiten.

Training

Trainingsmethodik

Entwicklung konditioneller Fähigkeiten an Land

Übersicht zur methodischen Gestaltung des Trainings zur Beweglichkeitsentwicklung

Aufgaben	Methoden	Körperübungen	Belastungsfaktoren			Serienpause	Qualität der Körperübungen
			Dauer	Intensität	Pause		
Entwicklung der aktiven Beweglichkeit	Wiederholungsmethode	– Körperübungen zur Entwicklung der Bewegungsweite ohne Nachhilfe (Gerät, Partner)	15–60 min als Übungsprogramm – mindestens 15–20 Wiederholungen 30 s bis 2 min	mittel bis maximal	0–20 s	keine	– exakte Ausführung der Übungen – max. Bewegungsamplitude mehrfach in der Übung erreichen – Bewegungsfluß beachten
	Dauermethode	Schwerpunkte: Schulter-, Hüft- und Fußgelenk – Schwingen – Federn – Kreisen – Spreizen					
Entwicklung der passiven Beweglichkeit	Wiederholungsmethode	– Körperübungen zur Entwicklung der Bewegungsweite mit Nachhilfe (Gerät, Körpergewicht, Partner)	15–60 min als Übungsprogramm – mindestens 3–6	10 min mittel bis submaximal	10 min bzw. bei Partnerübung gleich	keine	– gefühlvoll die Schutzfunktion der Antagonisten ab-

Karte 48

Trainingsmethodik — Entwicklung konditioneller Fähigkeiten an Land

Aufgaben	Methoden	Körperübungen	Belastungsfaktoren			Serienpause	Qualität der Körperübungen
			Dauer	Intensität	Pause		
			Übungswiederholungen (1–2 min)		Belastungsdauer		bauen (langsamer, dosierter Einsatz der äußeren Kraft!)
	Dauermethode	Schwerpunkt: – Schulter-, Hüft- und Fußgelenk – Dehnung durch Einwirken äußerer Kräfte					

Anmerkung
In der Trainingspraxis werden aktive und passive Beweglichkeitsübungen innerhalb eines Übungsprogramms häufig kombiniert eingesetzt.

Trainingsmethodik

Entwicklung konditioneller Fähigkeiten an Land

Beispiel für eine Trainingseinheit zur Entwicklung der Beweglichkeit/Dehn- und Entspannungsfähigkeit

Erziehungsziel: Bewußte und aktive Mitarbeit, selbständiges Bemühen um hohe Qualität der Übungsausführung

Einleitung
20 min Erwärmung

Nonstop-Gymnastik mit Rhythmusvorgabe (Ganzkörperbewegung mit Schultergürtelakzentuierung)

Hauptteil
30 min 10 Übungen à 10 min (vorwiegend intermittierende Dehnung)

1. Mühlkreisen mit Rhythmuswechsel
2. Rumpfkreisen mit Armhochhalte und Richtungswechsel
3. Hüftkreisen mit Rhythmuswechsel, Arme im Seitstütz
4. Armrückfedern in Hoch- und Tiefhalte, wechselseitig
5. Achterkreisen mit Handtuch
6. Ausschultern mit Handtuch, Griffbreite verringernd
7. Ellbogenkreisen mit Richtungswechsel
8. Ellbogenfedern vor- und rückwärts bei Armen in Nackenhalte
9. passive Partnerübung im Kniestand zur Dehnung der Brustmuskeln, Zusammendrücken der Ellbogen hinter dem Kopf („weiche Dehnung"), Partnerwechsel nach 90 s
10. Entspannungsübung: lokkeres Schwingen und Pendeln um Körperlängs- und querachse

Schlußteil
10 min Reaktionsspiel

„Komm mit – lauf weg!"

Karte 49

Trainingsmethodik

Entwicklung konditioneller Fähigkeiten an Land

Ausbildung der Kraftausdauerfähigkeit

Die Kraftausdauerfähigkeit als Ermüdungswiderstandsfähigkeit bei lang anhaltenden Kraftleistungen hat infolge ihrer komplexen Wirkung auf Kraftfähigkeit und Ausdauer eine hohe Bedeutung für das Sportschwimmen. Sie bewirkt gleichermaßen eine Entwicklung des Herz-Kreislauf- und des Atemsystems sowie des Nerv-Muskel-Systems.
Wesentliche Belastungsfaktoren bei Verwendung der Intervall- und Dauermethoden sind:
– mittlere Bewegungswiderstände,
– mittlere Bewegungsfrequenzen,
– kurze bis mittlere Pausen.

Beispiel für eine Trainingseinheit zur Entwicklung der allgemeinen Kraftausdauerfähigkeit

Erziehungsziel: Bewußtes Streben nach hoher Übungszahl bei guter Bewegungsausführung

Einleitung
15 min Laufschule mit Reaktionsübungen

1. Strecksprünge
2. Rumpfheben in Bauchlage
3. Liegestütz
4. Tiefkniebeuge, Arme in Nackenhalte
5. Rumpfheben in Rückenlage
6. Anreißen, 25 kg
7. Auf- und Niedersprünge am Sprunghocker
8. „Taschenmesser" (gleichzeitiges Heben und Senken der Arme und Beine in Rückenlage)
9. Armdrücken, 20 kg
10. Beindrücken, 30 kg
11. „Große Verwringungsübung" (Anheben des Oberkörpers mit seitlicher Verwringung aus der Rückenlage)
12. Medizinballprellen aus Kopfhöhe

Schlußteil
Dehnungs- und Entspannungsübungen (intermittierende und permanente Dehnung)

Trainingsmethodik

Entwicklung konditioneller Fähigkeiten an Land

Ausbildung der Schnellkraftfähigkeit

Die Schnellkraft als Fähigkeit, Widerstände mit hoher Kontraktionsgeschwindigkeit bestimmter Muskelgruppen zu überwinden, ist auch im Sportschwimmen eine grundlegende Leistungsvoraussetzung, die hohen Einfluß auf die maximale Schwimmschnelligkeit sowie die Start- und Wendenrentabilität hat. Als Hauptmethode zur Entwicklung der Schnellkraftfähigkeit wird die Wiederholungsmethode eingesetzt, wobei die Belastungsfaktoren durch
— geringe bis mittlere Bewegungswiderstände,
— maximale Bewegungsfrequenz und -geschwindigkeit,
— kurze Belastungsdauer je Übung,
— lange Pausen
charakterisiert werden.

Beispiel für eine Trainingseinheit zur Entwicklung der Schnellkraftfähigkeit

Erziehungsziel: Bewußtheit entwickeln, daß die Schnellkraftentwicklung eine Voraussetzung für gute 50-m-Zeiten darstellt

Einleitung
20 min Erwärmung   5 min Laufschule
                      15 min Staffelspiele

Hauptteil I
18 min Kreistraining   1. Bankspringen
— neun Stationen   2. „Taschenmesser"
— 10 s Belastung   3. Medizinballprellen (Fußboden)
— 50 s Pause   4. Rumpfheben in Bauchlage
                        5. Liegestütz mit Handklatsch
                        6. Nieder- und Aufsprünge am Kasten (70 cm)
                        7. Anreißen am Schrägbrett (20 kg)
                        8. Rumpfheben in Rückenlage
                        9. Bankdrücken (30 kg)

Hauptteil II
12 min Medizinballwerfen und -fangen

Gassenaufstellung
— beidarmig, einarmig
— aus verschiedenen Positionen
— mit und ohne Körperdrehung

Schlußteil
Zweifelderballspiel bzw. Fangspiele

Hinweise:
— höchste Bewegungsfrequenz bei guter Ausführungsqualität,
— Pausenzeit gezielt zur Wiederherstellung und Konzentration nutzen (individuell Dehnungs- und Entspannungsübungen),
— Kontrollkriterien: Wiederholungsanzahl, Ausführungsqualität

Karte 50

Trainingsmethodik

Entwicklung konditioneller Fähigkeiten an Land

Übersicht zur methodischen Gestaltung des Trainings zur Entwicklung der Kraftfähigkeiten

Aufgaben	Methoden	Körperübungen	Belastungsfaktoren			Serienpause	Qualität der Körperübungen	Organ.-Formen	Kontrollkriterien	Mat.-techn. Bed.
			Dauer	Intensität	Pause					
Schnellkraftentwicklung	intensive Intervallmethode	– Sprungübungen aus der Leichtathletik – Wurf- und Stoßübungen ein- und beidhändig	Einzelübung bis 10 s 2 bis 6 Wiederholungen	maximal unter 60 %	lang über 45 s	1 bis 2 min passiv oder 5 bis 10 min zur Lockerung und Dehnung	– volle Ausnutzung d. Beschleunigungsweges! – Koord. d. Teilimpulse u. Bewegungsfluß beachten!	Stationsbetrieb	– Wurf- u. Stoßweite – Sprunghöhe/-weite – Kontraktionsgeschwindigkeit	– Turnhalle Freifläche – Medizinbälle – Kugeln – Kasten
Kraftausdauerentwicklung	– intensive Intervallmethode – extensive Intervallmethode	– Übungen ohne, mit und am Gerät zur Entwicklung der	Einzelübung über 15 s, mindestens 20 bis 30	mittel bis submax. 40 bis 70 %	mittel 15 s bis 1 min	1 bis 2 min passiv oder 5 bis 10 min Lockerungs-	– Technikniveau bis zum Serienende erhalten	Stations-, Kreis- und Frontalbetrieb	– Anzahl d. Wiederholungen je Zeiteinheit	– Kraftraum – Turnhalle – Freigelände – Sprossen-

Trainingsmethodik

Entwicklung konditioneller Fähigkeiten an Land

Aufgaben	Methoden	Körperübungen	Belastungsfaktoren			Serienpause	Qualität der Körperübungen	Organ.-Formen	Kontrollkriterien	Mat.-techn. Bed.
			Dauer	Intensität	Pause					
	– Dauermethode	– Rumpf-, Rücken-, Arm- u. Beinmuskulatur – Klettern, Raufball – Ringkampf – Krebsfußball	Wiederholungen				u. Dehnungsübungen		– Pulsfrequenz	wand – Matten – Medizinbälle – Reckstange – Seile

Karte 51

Trainingsmethodik

Entwicklung konditioneller Fähigkeiten an Land

Ausbildung der allgemeinen Ausdauer

Die allgemeine Ausdauer, die als Ermüdungswiderstandsfähigkeit des Organismus bei vielseitigen Anforderungen gekennzeichnet wird, hat voraussetzenden Einfluß für die Entwicklung mehrerer Leistungsfaktoren. Sie trägt wesentlich zur Erhöhung der Funktionstüchtigkeit des Atmungssystems, des Herz-Kreislauf- und des Nervensystems sowie zur allgemeinen Ökonomisierung der physiologischen Funktionen der Organe und Stoffwechselprozesse bei.
Die allgemeine Ausdauer wird vor allem mit Intervall- und Dauerläufen entwickelt. Bewegungsspiele (Fußball, Handball, Basketball, Wasserball u. a.), die zu einer Dauerbelastung mit unkontinuierlich wechselnder Intensität führen, sind hierfür ebenfalls gut geeignet.

Übersicht zur methodischen Gestaltung des Trainings zur Entwicklung der allgemeinen Ausdauer

Methoden	Körperübungen	Belastungsfaktoren			Serienpause	Qualität der Körperübungen
		Dauer	Intensität	Pause		
Dauerbelastung mit nicht kontinuierlich wechselnder Intensität	Bewegungsspiele: – Handball – Korb- und Basketball – Fußball – Ringhockey	20–60 min	verhaltens- und vorgabeabhängig	–	–	– Grundfertigkeiten des Spieles systematisch erarbeiten – komplexe technisch-taktische Übungen verwenden
Dauermethode	Läufe: – Dauerläufe	Trainingsteil 20–60 min	mittel			– Geschwindigkeitsverhalten kontrollieren
Dauermethode	– Crossläufe	20–60 min	mittel	–	–	– lockerer Ballenl.
Extensive Intervallmethode	– Intervalläufe	200–800 m TSL	mittel	30–60 s	1–2 min	
Dauermethode	– Dauerläufe	30–180 min	mittel	–	–	– Diagonalschritt und Doppelstockschub erarbeiten
Extensive Intervallmethode	– Intervalläufe	500–2 000 m (4–8 x)	mittel	30–60 s	1–2 min	

Trainingsmethodik

Entwicklung konditioneller Fähigkeiten an Land

Ausbildung der Schnelligkeitsfähigkeiten

Obwohl das Schwimmen eindeutig den Ausdauersportarten zugeordnet werden muß, ist die Ausprägung der Schnelligkeitsfähigkeiten nicht zu unterschätzen. Die erforderliche Reaktions-, Aktions- und Bewegungsschnelligkeit, die besonders im Startbereich, in der Wendenrentabilität und in einer hohen Bewegungsfrequenz auf kurzen Strecken (50 und 100 m) sichtbar werden, lassen sich an Land besser entwickeln als im Wasser.

Hauptmethode hierzu ist die Wiederholungsmethode. Besonders wirkungsvoll für die Ausprägung der Schnelligkeitsfähigkeiten sind Übungen aus der Leichtathletik, Staffelspiele und Kleine Spiele. Günstige Entwicklungsbedingungen sind bei Kindern zwischen 9 und 12 Jahren vorhanden.
Da das Schnelligkeitstraining hohe Konzentrationsfähigkeit und körperliche Frische erfordert, sollten die kurzzeitigen hochintensiven Belastungen mit relativ langen Pausen nach einer gründlichen Erwärmung zu Beginn der Trainingseinheit oder im ersten Teil des Hauptteils durchgeführt werden.

Übersicht zur methodischen Gestaltung des Trainings zur Entwicklung der Schnelligkeitsfähigkeiten

Aufgaben	Methoden	Körperübungen	Belastungsfaktoren			Serienpause	Qualität der Körperübungen
			Dauer	Intensität	Pause		
Entwicklung der Schnelligkeitsfähigkeiten – lokomotorische Schnelligkeit – Aktionsschnelligkeit – Reaktionsschnelligkeit	Wiederholungsmethode 4–8 Wiederholungen (außer bei Spielen)	– Sprints über 20–30 m – Steigerungsläufe – Staffelspiele – Fang- und Abschlagspiele	bis 8 s	max.	2 min	3 min	– optimales Verhältnis zwischen Beschleunigungsweg und Frequenz beachten
		– Kleine Spiele – Reaktionsübungen aus verschiedenen Körperlagen	bis 10 s	max.	2 min	3 min	– Bewegungsübertragung und Koordination der Teilimpulse beachten

Karte 52

Gymnastikprogramme zur Beweglichkeit, Lockerung, Dehnung

Hinweise zur methodischen Gestaltung der Programme

Übungen 1 und 2 = Erwärmungsübungen mit **mittlerer Intensität** und **submaximaler Bewegungsweite**

Übungen 3 bis 7 = Entwicklungsübungen für die Beweglichkeit mit **maximaler Bewegungsweite** und **hoher Intensität** (Erreichen der Schmerzgrenze!)

Übung 8 = abschließende Übung zur Lockerung und Entspannung

Hinweise zur methodischen Gestaltung, Kontrolle der Beweglichkeit

Übungssammlung zur Kontrolle der Beweglichkeit

Übungsbeschreibung	Kriterien	Mindestanforderung
1. Ausschultern im Stand und in Bauchlage auf der Bank	passive und aktive Beweglichkeit in cm	+ 10 cm zur Schulterbreite
2. Rumpfbeugen vorwärts	cm	± 0 cm
3. Rumpfbeugen vorwärts mit Flechtgriff hinter dem Rücken	Winkel zur Waagerechten	
4. Zusammendrücken der Ellbogen in Nackenhalte durch den Partner und ohne Partner	Abstand der Ellbogen	10–20 cm
5. Fingerhakeln hinter dem Rücken – ein Ellbogen über und ein Ellbogen unter der Schulter		Festhalten
6. Rumpfbeugen im Grätschsitz		10–20 cm
7. Strecken und Anziehen der Füße	Winkelstellung	90° bzw. 180°

Training

Gymnastikprogramme zur Beweglichkeit, Lockerung, Dehnung

Programm 1

	1. Aufrichten in den Zehenstand, Arme in Hochhalte, schnelles Zusammenfallen in die Hocke	15x	5. Schulterheben beidseitig	2 x 10
	2. Liegestütze, wechselseitiges Anziehen eines Beines	je 15x	6. Rumpfbeugen vorwärts, Hände im Flechtgriff hinter dem Körper	2 x 12
	3. Schulterheben links und rechts im Wechsel	je 15x	7. „Fleischerhaken" mit Nachfedern	30x
	4. Kopfdrehen nach links und rechts im Wechsel	je 8x	8. Lockeres Schwingen der Arme um die Körperachse mit beginnender Gegendrehung des Körpers kurz vor Beendigung der Armbewegung	

Karte 53 **Gymnastikprogramme** **Programm 2**

	1. „Hampelmann"	20x
	2. „Holzhacken" mit Nachfedern in den Knien	2 x 15
	3. Schulterrollen vorwärts und rückwärts	je 15x
	4. Gegenmühlkreisen mit Richtungswechsel	2 x je 20
	5. Kopfkreisen mit Richtungswechsel	je 10x
	6. Armkreisen vorwärts und rückwärts	2 x je 25
	7. Ellbogenkreisen vorwärts und Arm in Schulterhalte rückwärts	2 x je 12
	8. Ausschütteln der Schulter- und Armmuskulatur, lockeres Armschwingen	

Training

Gymnastikprogramme zur Beweglichkeit, Lockerung, Dehnung Programm 3

1. Springen aus dem Hockstütz in den Liegestütz und zurück		2 x 15
2. Achterkreisen der Arme im Flechtgriff und rechts am Körper vorbei		2 x 15
3. Mühlkreisen vorwärts und rückwärts		2 x je 25
4. Armrückfedern in der Hochhalte, Hände im Flechtgriff		3 x 10
5. Gegenmühlkreisen mit Richtungswechsel		3 x je 15
6. Ellbogenkreisen, Arme in Schulterhalte vorwärts und rückwärts		2 x je 8
7. „Fingerhakeln" hinter dem Rücken, ein Ellbogen über und ein Ellbogen unter der Schulter im Wechsel		10x
8. Partnerweises Unterwinden mit Handfassen und Nachstelldrehung mit Richtungswechsel		

Karte 54　　Gymnastikprogramme　　Programm 4

1. „Hampelmann"	2 x 20	
2. Achterkreisen der Arme im Flechtgriff links und rechts am Körper vorbei	2 x 15	
3. Rumpfkreisen, Hände fassen handbreit das Handtuch, mit Richtungswechsel	je 12x	
4. Ausschultern mit Handtuch	2 x 25	
5. Achterkreisen mit Handtuch, Hände fassen handbreit	25x	
6. Ausschultern mit Handtuch	2 x 30	
7. Trichterkreisen aus der Seithalte (langsam-schnell-langsam) mit Richtungswechsel	je 2 x 20	
8. Lockeres Pendeln und Schwingen der Arme vor- und rückwärts		

Training

Gymnastikprogramme zur Beweglichkeit, Lockerung, Dehnung

Programm 5

	1. Achterkreisen im Flechtgriff links und rechts am Körper vorbei — 2 x 20		5. Partnerweises Unterwinden mit Handfassen und Nachstelldrehung mit Richtungswechsel — 2 x 5
	2. Aufrichten in den Zehenstand, Arme in Hochhalte, schnelles Zusammenfallen in die Hocke — 2 x 10		6. Partnerweises „Durch-den-Arm-Steigen", einer beginnt mit links, einer mit rechts — 2 x 5
	3. Armkreisen vorwärts und rückwärts — 2 x je 15		7. Gegenmühlkreisen mit Richtungswechsel — je 20x
	4. Partnerweises Zusammendrücken der Ellbogen in Nackenhalte — 10x		8. Ausschütteln der Schultermuskulatur bei vorgebeugtem Oberkörper

Karte 55 — Gymnastikprogramme — Programm 6

	1. „Hampelmann"	30x	5. Rumpfbeugen rückwärts, Hände berühren die Fersen mit Nachfedern in der Tief- und Hochhalte	2 x 4
	2. Lockeres Hüftkreisen, Seitgrätschstellung, Arme im Hüftstütz	je 15x	6. Rumpfbeugen vorwärts mit Flechtgriff	2 x 10
	3. Rumpfbeugen vorwärts, linke Hand zum rechten Fuß mit Nachfedern in der Tief- und Hochhalte	2 x 10	7. Trichterkreisen aus der Seithalte	2 x je 15
	4. Rückenlage, Ablegen der gestreckten Beine rechts und links neben dem Kopf	2 x je 12	8. Lockerung der Arme: Greifen, Handtellerkreisen, „Winken", Ausschütteln	

Training

Gymnastikprogramme zur Beweglichkeit, Lockerung, Dehnung

Programm 7

1. Liegestütz, wechselseitiges Anziehen und Strecken eines Beines	20x	
2. Lockeres Rumpfkreisen mit Richtungswechsel	je 10x	
3. Rumpfkreisen am Gitter, Arme liegen gestreckt auf dem Gitter, Hohlkreuzlage einnehmen	2 x 12	
4. Rumpfbeugen vorwärts mit dem Rücken zum Gitter, Hände fassen das Gitter und ziehen kräftig den Oberkörper nach unten	2 x 5	
5. Mühlkreisen mit Tempo- und Richtungswechsel	2 x je 20	
6. Rumpfbeugen, ein Bein auf dem Gitter liegend	2 x 6	
7. Hände fassen das Gitter, Seitgrätschstellung, Durchschwingen des gestreckten Beines bis über die Kopfhöhe	je 10x	
8. Partnerkreisen „Durch den Armkreis steigen", beide Sportler mit Handfassung		

Karte 56 **Gymnastikprogramme** Programm 8

	1. Aufrichten in den Zehenstand mit Hochhalte der Arme und Zusammenfallen in die Hocke	15x	5. Kniestand, links und rechts neben die Knie setzen	2 x je 8
	2. „Hampelmann"	2 x 20	6. Hocksitz, Unterschenkelkreisen mit Richtungswechsel	je 15x
	3. Ausfallschritt vor und zurück mit Nachfedern	je 10x	7. Kniestand, Wechsel von Spannung zur Zehenlage	2 x 8
	4. Hürdensitz mit Rumpfbeugen und Nachfedern	2 x je 8	8. Kräftiges Fußkreisen mit Unterstützung der Arme im Sitz	

Training

Gymnastikprogramme zur Beweglichkeit, Lockerung, Dehnung

Programm 9

	1. Schrittspringen mit diagonalem Nachfedern der Arme in Tief- und Hochhalte	30x		5. Rumpfbeugen, seit-, vor- und rückwärts im Wechsel	2 min
	2. „Holzhacken" mit Nachfedern	2 x 10		6. Strecksitz, Kreisen der Füße nach innen und außen, symmetrisch	2 min
	3. Ausfallschritt nach links und rechts mit Nachfedern	je 10x		7. Unterschenkelkreisen im Hocksitz, Füße am Boden, Knie zusammen	2 min
	4. Hüftkreisen mit Richtungswechsel, Hände im Hüftstütz	je 12x		8. Strecksitz, Einwärts- und Auswärtsdrehen der Füße (Wechsel von „Onkel" zur „Chaplin"-Stellung)	2 x je 8

Karte 57

Beispiele für selbständiges Üben

Hausaufgabenprogramme

– Im Liegestütz 4 m nur auf den Händen laufen, Beine lang lassen

– Liegestütz rücklings, Armbeugen, 10x

– Ausschultern mit dem Impander vom Oberschenkel zum Gesäß mit gestreckten Armen und zurück, 30x

Training

Beispiele für selbständiges Üben **Hausaufgabenprogramme**

— Aus der Standwaage vorlings drehen in die Standwaage seitlings, je 10x

Karte 58

Beispiele für selbständiges Üben　　　Hausaufgabenprogramme

— Kniebeugen aus dem Grätschstand, mit Schließen der Knie beim Beugen

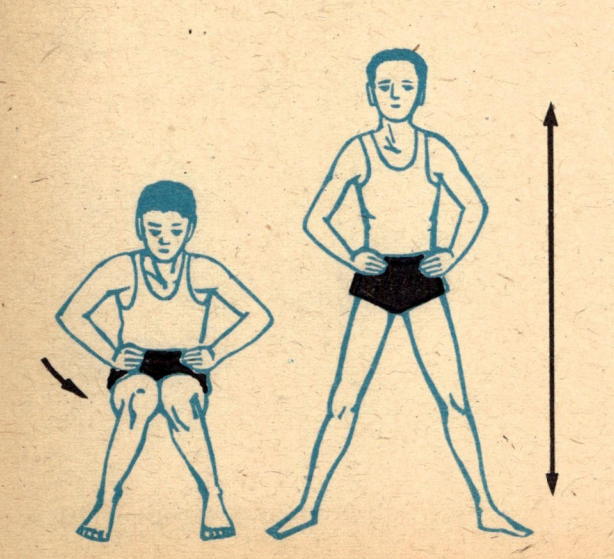

— Gewicht auf das gestreckte Bein lagern, Fuß nach unten drücken, je 20x 45°

Training

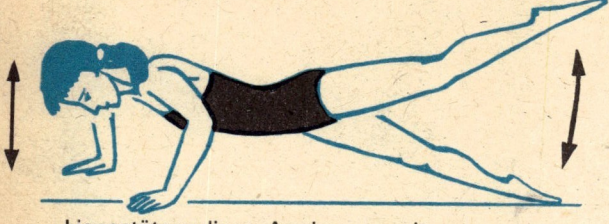

Beispiele für selbständiges Üben Hausaufgabenprogramme

– Liegestütz vorlings, Armbeugen mit wechselseitigem Beinheben, je 5x

– Rumpfbeugen vorlings, Aufrichten, halbe Drehung links, beide Hände berühren die Wand, danach das gleiche rechts, je 15x

– Rückenlage, die gestreckten Beine links und rechts neben dem Kopf wechselseitig ablegen, 20x

Karte 59

Beispiele für selbständiges Üben

Hausaufgabenprogramme

– Ausfallschritt links und rechts mit Rumpfbeugen im Wechsel, je 20x

– Gerät beidarmig gegen den Bauch drücken, 30x

– Aus dem Kniestand in die Brücke beugen und wieder aufrichten, Zehen gestreckt lassen, 20–30x

Training

Beispiele für selbständiges Üben — Hausaufgabenprogramme

– Gerät beidarmig gegen das Gesäß drücken (Rücken), 30x

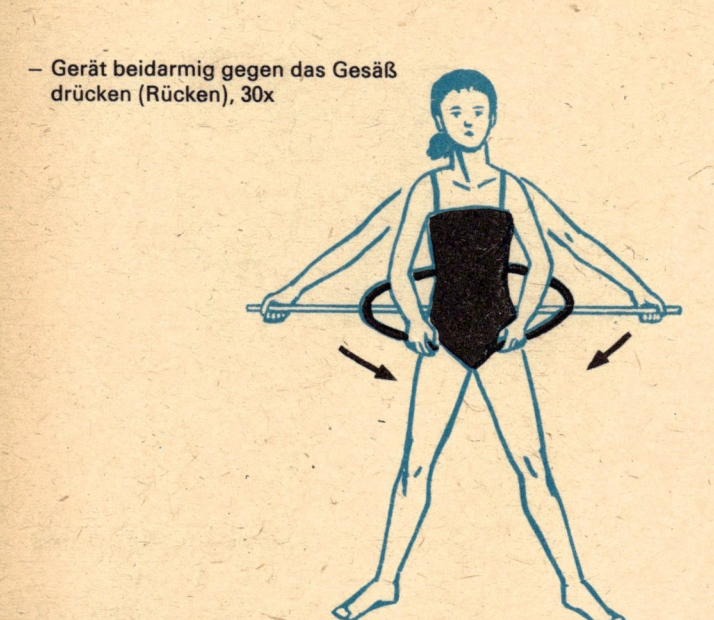

– Gerät beidarmig mit fast gestreckten Armen vor dem Kopf zusammendrücken (Brust), 30x

Karte 60

Beispiele für selbständiges Üben — Hausaufgabenprogramme

– Seithalte der Arme, Gerät wird nach vorn über den Rücken gedrückt, 30x

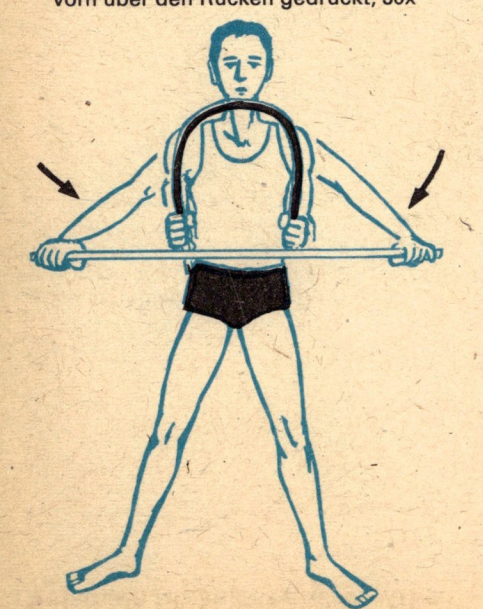

– Arme horizontal nach hinten ziehen, Ellbogen gerade, Handflächen nicht drehen, 30x

– Schwebesitz, Beine in Vorhalte, Ruderbewegung, 30x

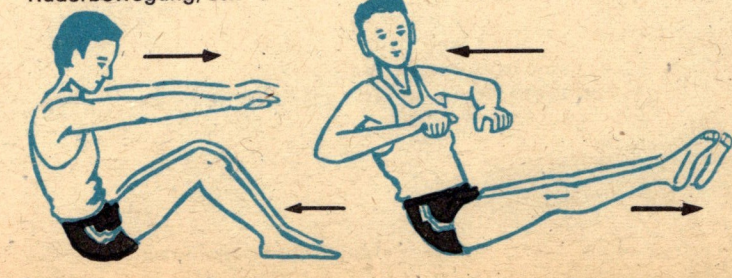

Training

Trainingsprogramme

Methodische Hinweise

6. Übungs- und Trainingsprogramme

Bei der Nutzung der folgenden Übungs- und Trainingsprogramme ist zu beachten:

1. Die Programme sind als Beispiele für eine wirkungsvolle Gestaltung der Übungs- und Trainingsstunden anzusehen. Sie sollen Anregungen für die eigene schöpferische Arbeit des Übungsleiters geben.
2. Entsprechen die in den Beispielen getroffene Auswahl der Körperübungen und die Belastungsvorgaben dem Ausbildungsstand der Übungs- oder Trainingsgruppe und steht die geplante Zeit zur Verfügung, können die Programme inhaltlich voll umgesetzt werden.
3. Sind diese Voraussetzungen nicht gegeben, sollten diese Programme durch Veränderungen in der Auswahl und Reihenfolge der Körperübungen und in den Vorgaben zur Belastung variiert bzw. im zeitlichen Ablauf verkürzt oder verlängert werden.
4. Zur besseren Übersicht wurden die Programme durch Symbole gekennzeichnet, aus denen die Übungsschwerpunkte
   (R — Rückenkraulschwimmen)
   (K — Kraulschwimmen)
   (B — Brustschwimmen)
   (S — Schmetterlingsschwimmen)
   (L — Lagenschwimmen)
   (aA — allgemeine Ausdauer)
   (GS — Grundschnelligkeit)
   (TSL — Teilstreckenlänge)
   abzuleiten sind.
5. Die 15minütigen Gymnastikprogramme vor jeder Trainingseinheit (vgl. Teil Training) dienen vorrangig der Verbesserung der Beweglichkeit sowie der Erwärmung und Vorbelastung des Organismus für die nachfolgende Trainingsaufgabe im Wasser.
6. Die ebenfalls im Teil Training beispielhaft dargestellten Trainingseinheiten an Land zur Entwicklung bzw. weiteren Ausprägung der Kraft, Ausdauer, Schnelligkeit und Beweglichkeit können als selbständige Trainingseinheiten oder in Kombination mit einer Wassereinheit mit gleicher Aufgabenstellung realisiert werden.
7. Die Auswahl der Körperübungen, die Anzahl der Wiederholungen sowie die Intensität sind in den Gymnastikprogrammen und Landeinheiten analog zu den Prinzipien der Belastungsgestaltung im Schwimmtraining dem Leistungsstand der Sportler anzupassen.
8. Als Faustregeln gelten:
- Entwicklung Ausdauer/Kraftausdauer: hohe Anzahl von Wiederholungen, geringe Intensität (Widerstände), kurze Pausen (unvollständige Wiederherstellung, Erholung)
- Entwicklung Kraft/Schnellkraft: geringe Anzahl von Wiederholungen, hohe Intensität (Widerstände), lange Pausen (nahezu vollständige Wiederherstellung/Erholung)

Karte 61

Programme 1 und 2

Hauptaufgaben der Technikschulung
- Weiterentwicklung der Technik der
  RBe
  KBe
- Schulung der Atmung beim Rücken- und Kraulschwimmen
- Erarbeitung der Abstöße in der Brust- und Rückenlage

Hauptaufgaben bei der Entwicklung konditioneller Fähigkeiten
- Schulung der Ausdauerfähigkeit durch TSL 25 m
- Entwicklung der Grundschnelligkeit, max. 2× bis 12,5 m KBe und RBe

20' Gymnastikprogramm
1. 4 × 25 m   RBe   passiv 30″ – 1' Pause
2. 4 × 25 m   R   passiv 30″ – 1' Pause
3. 2 × 25 m   RAr   passiv 30″ – 1' Pause
4. 4 × 25 m   R   passiv 30″ – 1' Pause
5. 4 × 12,5 m   KBE   passiv 30″ – 1' Pause
6. 6 × 12,5 m   K   passiv 30″ – 1' Pause
7. 4 × 12,5 m   KAr   passiv 30″ – 1' Pause
8. 6 × 12,5 m   K   passiv 30″ – 1' Pause
9. 2 × 25 m   B   passiv 30″ – 1' Pause
10. Abstoßübungen von der Beckenwand über und unter Wasser

20' Gymnastikprogramm
1. 4 × 25 m   RBe   passiv 30″ – 1' Pause
2. 4 × 25 m   R   passiv 30″ – 1' Pause
3. 2 × 25 m   RAr   passiv 30″ – 1' Pause
4. 4 × 25 m   R   passiv 30″ – 1' Pause
5. 4 × 25 m   B   passiv 30″ – 1' Pause
6. 4 × 12,5 m   KBe   passiv 30″ – 1' Pause
7. 2 × 25 m   K   passiv 30″ – 1' Pause
8. 2 × 25 m   KAr   passiv 30″ – 1' Pause
9. 4 × 12,5 m   K   passiv 30″ – 1' Pause
10. 4 × 25 m   B   passiv 30″ – 1' Pause
11. 4 × 12,5 m K   passiv 30″ – 1' Pause
12. Abstöße von der Beckenwand mit Drehungen um die Längsachse des Körpers

Empfehlungen zum Erziehungsplan

Ziele und Aufgaben	Motivbildung/Maßnahmen	Verhaltenssteuerung	Kriterien
1. Grundlagen a) Erkenntnis, daß alle Kinder und Jugendlichen in der DDR allseitig gefördert und entwickelt werden	– bewußtmachen, daß jeder durch fleißiges Üben gute Leistungen vollbringen kann – bewußtmachen, daß viele bekannte Leistungssportler so angefangen haben		
2. Moralische Qualitäten a) Einsicht zur Notwendigkeit regelmäßiger Übungsteilnahme b) Einsicht in die Notwendigkeit und Kenntnisse der Normen der Hygiene	– Klärung der Frage, warum muß ich regelmäßig am Übungsbetrieb teilnehmen? – Vermittlung hygienischer Normen (Körperreinigung, Bekleidung im Winter)	– Aufforderung zum Entschuldigen beim Fehlen – konsequente Forderung nach Einhaltung der Normen, ständige Kontrolle und bewußtes Üben unter Anleitung des ÜL	– regelmäßiges und pünktliches Erscheinen zum Übungsbetrieb – Einhaltung der hygienischen Maßnahmen
3. Wettkampfeigenschaften a) Orientierungsvermögen im Wasser	– erklären, daß ein Schwimmer sich auch im Wasser so „sicher bewegen kann" wie an Land (Grundausbildung)		

Karte 62

Programme 3 und 4

Hauptaufgaben der Technikschulung
- Weiterentwicklung der Technik RBe, KBe
- Atemtechnik für Kraul- und Rückenkraulschwimmen schulen
- weitere Verbesserung der Abstöße in Brust- und Rückenlage

Hauptaufgaben bei der Entwicklung konditioneller Fähigkeiten
- Entwicklung der Ausdauerfähigkeit durch TSL bis 25 m K und 50 m R

20' Gymnastikprogramm
1. 2 × 25 m   K   passiv 30" – 1' Pause
2. 4 × 25 m   KBe   passiv 30" – 1' Pause
3. 2 × 25 m   K   passiv 30" – 1' Pause
4. 4 × 25 m   KAr   passiv 30" – 1' Pause
5. 2 × 12,5 m K   passiv 30" – 1' Pause
6. 2 × 50 m   R   passiv 30" – 1' Pause
7. 4 × 25 m   RBe   passiv 30" – 1' Pause
8. 2 × 50 m   R   passiv 30" – 1' Pause
9. 4 × 25 m   RAr   passiv 30" – 1' Pause
10. 2 × 50 m RBe–RGl passiv 30" – 1' Pause
11. Abstöße in Rücken- und Brustlage

20' Gymnastikprogramm
1. 2 × 50 m   RBe–RGl passiv 30" – 1' Pause
2. 4 × 25 m   KBe   passiv 30" – 1' Pause
3. 4 × 25 m   K   passiv 30" – 1' Pause
4. 4 × 50 m   RBe   passiv 30" – 1' Pause
5. 4 × 50 m   R   passiv 30" – 1' Pause
6. 2 × 25 m   RAr   passiv 30" – 1' Pause
7. 2 × 50 m   R   passiv 30" – 1' Pause
8. Drehübungen um die Körperlängsachse und Körperbreitenachse

Empfehlungen zum Erziehungsplan

Ziele und Aufgaben	Motivbildung/Maßnahmen	Verhaltenssteuerung	Kriterien
1. Grundlagen a) Anerkennung der Leistung der Werktätigen, die die materiellen Grundlagen für das Sporttreiben schaffen	— Hallenordnung erläutern, daß viele Arbeiter in fleißiger Arbeit diese schönen Anlagen geschaffen haben und daß alle mithelfen müssen, sie zu erhalten	— Aufforderung zur Höflichkeit gegenüber dem Badepersonal und Befolgen ihrer Anweisungen	— Bereitschaft zur Pflege der Sportanlagen
2. Moralische Qualitäten a) Interesse und Begeisterung für den Schwimmsport b) Pünktlichkeit und Einhaltung der Ordnungsnormen	— Perspektiven des Schwimmsports sichtbar machen — Erläuterung der Aufgaben des SvD sowie der Normen des Verhaltens aller Sportler gegenüber dem SvD	— Anleitung der SvD bei jedem Wechsel, Kontrolle und Korrektur seiner Handlungen (Erreichen der Selbständigkeit)	
3. Wettkampfeigenschaften a) Zielstrebigkeit b) Technikkenntnisse in R und K	— verdeutlichen, daß die Gesamtbewegung und ihre Beherrschung über 50 m eine wichtige Zielstellung ist — erklären, daß das Übungsheft beim Erlernen der Technik hilft	— Belobigung aller derjenigen, die 50 m R durchschwimmen — Demonstration, wie die Sportler zu Hause mit dem Übungsheft arbeiten sollten (Eltern zur Mitarbeit und Unterstützung gewinnen)	— Selbständigkeit bei Ausführung von Aufgaben — energisches Bemühen, die 50 m R durchzuschwimmen — Anlegen eines Übungsheftes

Karte 63

Programme 5 und 6

Hauptaufgaben der Technikschulung
– siehe Übungsprogramm 3/4

Hauptaufgaben bei der Entwicklung konditioneller Fähigkeiten
– Entwicklung der Ausdauerfähigkeit durch TSL bis 100 m R und 25 m K

20' Gymnastikprogramm
1. 1 × 100 m   RBe–RGl   passiv   1' Pause
2. 4 × 50 m   RBe   30'' – 1' Pause
3. 2 × 50 m   R   passiv   30'' – 1' Pause
4. 1 × 100 m   R   passiv   1' Pause
5. 2 × 50 m   BAr–KBe   passiv   30'' – 1' Pause
6. 8 × 25 m   K   passiv   30'' – 1' Pause
7. Abstöße mit Drehungen

20' Gymnastikprogramm
1. 2 × 100 m   RBe   passiv   30'' – 1' Pause
2. 1 × 100 m   R   passiv   1' Pause
3. 2 × 25 m   RAr   passiv   30'' – 1' Pause
4. 2 × 50 m   R   passiv   30'' – 1' Pause
5. 2 × 25 m   KBe   passiv   30'' – 1' Pause
6. 4 × 25 m   K   passiv   30'' – 1' Pause
7. 2 × 25 m   KAr   passiv   30'' – 1' Pause
8. 2 × 25 m   K   passiv   30'' – 1' Pause
9. 1 × 100 m   RBe–RGl
10. Sprünge

aA
R
K

Programme

Empfehlungen zum Erziehungsplan

Ziele und Aufgaben	Motivbildung/Maßnahmen	Verhaltenssteuerung	Kriterien
1. Grundlagen a) Kenntnis über Bedeutung von KK und Sport für unsere Heimat und die Wertschätzung sportlicher Leistungen durch unsere Gesellschaft	– Rolle und Bedeutung der KK und des Sports an einem Beispiel erläutern – bewußtmachen, daß die sportlichen Leistungen von unserer Gesellschaft hoch gewürdigt werden – erläutern, daß die Anforderungen nur durch intensives und fleißiges Üben erfüllt werden können	– anregen zum Sammeln von Sportbildern – Belobigung bei gewissenhafter Erfüllung der Übungsaufgaben	– Streben nach bestmöglichen Leistungen – Zielstrebigkeit im Übungsbetrieb
2. Moralische Qualitäten a) Einsicht in die Notwendigkeit zielstrebigen Übens als Voraussetzung hoher sportlicher Leistungen **3. Wettkampfeigenschaften** a) Bereitschaft, Übungsanforderungen beharrlich zu erfüllen	– Orientierung auf die 100-m-Strecke, Stimulierung zum Durchschwimmen (Wettkampfstrecke der „Großen")	– Belobigung für Durchschwimmen bei guter Technik – allen Mut machen, die es noch nicht geschafft haben – Kontrolle des Anlegens eines Übungsheftes	– Durchschwimmen der 100-m-Strecke

Karte 64

aARK

Programme 7 und 8

Hauptaufgaben der Technikschulung
— siehe Übungsprogramm 3/4

Hauptaufgaben bei der Entwicklung konditioneller Fähigkeiten
— Entwicklung der Ausdauerfähigkeit durch TSL bis 100 m R und 50 m K

20′ Gymnastikprogramm
1. 2 × 50 m RBe–RGl passiv 30″ – 1′ Pause
2. 2 × 100 m R passiv 30″ – 1′ Pause
3. 4 × 50 m KBe passiv 30″ – 1′ Pause
4. 2 × 50 m K passiv 30″ – 1′ Pause
5. 2 × 50 m KAr passiv 30″ – 1′ Pause
6. 2 × 50 m K passiv 30″ – 1′ Pause
7. 2 × 50 m RBe–RGl passiv 30″ – 1′ Pause
8. Gleiten mit Abstoß von der Beckenwand

20′ Gymnastikprogramm
1. 4 × 25 m BAr-KBe passiv 30″ – 1′ Pause
2. 2 × 50 m K passiv 1′ Pause
3. 1 × 100 m R passiv 1′ Pause
4. 4 × 25 m RBe passiv 30″ – 1′ Pause
5. 1 × 100 m R passiv 1′ Pause
6. 4 × 25 m KBe passiv 30″ – 1′ Pause
7. 2 × 50 m K passiv 30″ – 1′ Pause
8. 4 × 25 m BAr–KBe passiv 30″ – 1′ Pause
9. Sprünge kopfwärts als vorbereitende Übung zum Startsprung
Gleiten nach kopfwärtstauchendem Sprung

Programme

Empfehlungen zum Erziehungsplan

Ziele und Aufgaben	Motivbildung/Maßnahmen	Verhaltenssteuerung	Kriterien
1. Grundlagen a) Wissen um die Förderung des Sports durch die Partei und Arbeiterklasse	– Aufzeigen der Entwicklungsmöglichkeiten bei guten schulischen und sportlichen Leistungen (Erlebnisse der ÜL in der sportlichen Tätigkeit) – Beantwortung der Frage: Warum werden so viele schöne Sportstätten gebaut?	– gesammelte Sportbilder mitbringen lassen Auswahl der schönsten Bilder für die Wandzeitung	– Einsicht, daß alle regelmäßig Sport treiben sollen und können
2. Moralische Qualitäten a) Bereitschaft zur Übernahme von Aufgaben im Interesse des Kollektivs b) Einsicht zur gegenseitigen Verantwortlichkeit (Gründung des Gruppenaktivs)	– bewußtmachen, daß jeder dem anderen helfen muß und darauf achtet, daß die Forderungen des ÜL zur Disziplin und Ordnung eingehalten werden – Begründung für die Auswahl der Aktivmitglieder – Erläuterung der Funktion und Aufgaben des Aktivs	– Aufforderung zur gegenseitigen Einflußnahme – Gruppenaktiv unterstützt SvD · Gruppenaktiv durch Wahlvorgang bestätigen lassen	– Ansätze der gegenseitigen Einflußnahme – Bereitschaft des Aktivs, ÜL zu unterstützen
3. Wettkampfeigenschaften a) Kenntnisse über Wettkämpfe und Wettkampfbedingungen	– Erläuterung und Bedeutung des Wettkampfes (Orientierung auf 1. Wettkampf)	– Kontrolle und Wertung der Kenntnisse	– Kenntnisse über Wettkampf

Karte 65

aA
·R
K

Programme 9 und 10

Hauptaufgaben der Technikschulung
- Entwicklung der Technik der Teilbewegung RAr und KAr
- weitere Vervollkommnung der Atmung beim K und R
- weitere Vervollkommnung der Abstöße und des Gleitens in Brust- und Rückenlage
- Erarbeitung des konventionellen Startsprungs
- Erarbeitung der RBe-Bewegung in Rückenlage

Hauptaufgaben bei der Entwicklung konditioneller Fähigkeiten
- weitere Entwicklung der Ausdauerfähigkeit durch Verwendung von Wettkampf- und Spezialübung R, RBe, RAr, K, KBe, KAr mit der TSL von 25–100 m im R-Schwimmen und 25–50 m im K-Schwimmen und Anwendung allgemeinentwickelnder Übungen

20′ Gymnastikprogramm
1. 1 × 100 m RBe–RGl   passiv 30″ – 1′ Pause
2. 2 × 50 m   R   passiv 30″ – 1′ Pause
3. 4 × 50 m   RAr   passiv 30″ – 1′ Pause
4. 1 × 100 m RBe–RGl   passiv 30″ – 1′ Pause
5. 2 × 50 m   K   passiv 30″ – 1′ Pause
6. 4 × 25 m   KAr   passiv 30″ – 1′ Pause
7. 8 × 25 m   K   passiv 30″ – 1′ Pause
8. 2 × 50 m   R   passiv 30″ – 1′ Pause
9. Einführung des konventionellen Startsprungs Abstöße in Brust- und Rückenlage

20′ Gymnastikprogramm
1. 1 × 100 m R/K   passiv 30″ – 1′ Pause
   (Wechsel bei 50 m)
2. 2 × 100 m KAr/K   passiv 30″ – 1′ Pause
   (Wechsel bei 50 m)
3. 2 × 100 m RAr/R   passiv 30″ – 1′ Pause
   (Wechsel bei 50 m)
4. 4 × 25 m   BBe–RGl
   (Wechsel bei 50 m)
5. 2 × 100 m KBe/K   passiv 30″ – 1′ Pause
   (Wechsel bei 50 m)
6. 2 × 100 m RBe/R   passiv 30″ – 1′ Pause
   (Wechsel bei 50 m)
7. Weiterentwicklung des konventionellen Startsprungs Abstöße in Brust- und Rückenlage Gleitübungen

Programme

Empfehlungen zum Erziehungsplan

Ziele und Aufgaben	Motivbildung/Maßnahmen	Verhaltenssteuerung	Kriterien
1. Grundlagen a) Bestreben, die gegebenen Möglichkeiten zu nutzen, um gute Leistungen auf schulischem und sportlichem Gebiet zu erzielen, wie die Werktätigen unseres Landes in ihren Betrieben **2. Moralische Qualitäten** a) Verantwortungsbewußtsein bei der Erfüllung der schulischen und sportlichen Aufgaben b) Fähigkeit der Selbsteinschätzung der Leistungen und des Verhaltens **3. Wettkampfeigenschaften** a) Selbständigkeit bei Ausführung einfacher Aufgabenstellungen b) Kenntnisse über die Technik des Startsprunges	– Gespräch zwischen ÜL und Sportlern über schulische und sportliche Leistungen (Anerkennung der Besten, Vorbildwirkung in der eigenen ÜG) – hinweisen auf vielfältige Entwicklungsmöglichkeiten – Auswertung der schulischen Leistungen – Vergleich zu sportlichen Leistungen und Verhalten – Sportlern bewußtmachen, daß die Selbsteinschätzung zur eigenen Erziehung beiträgt – Erklärung und Übung des Pulsnehmens (Bedeutung und Verfahren) Erläuterung der Pausenuhr – Beherrschung der Bezeichnung der Körperübungen – Bedeutung des Startsprunges	– Auswertung der sportlichen und schulischen Leistungen im ersten Halbjahr – Anlegen einer Gruppenchronik (Eintragung der besten Sportler) – Kontrolle der schulischen Leistungen (Halbjahreszeugnisse) und Information an die Eltern und Schule über evtl. notwendige Maßnahmen – exakte Übungsbezeichnung durch ÜL	– Wille, den Besten nachzueifern – schulische und sportliche Leistungen stimmen im positiven Bereich überein – Selbstkritik und Ehrlichkeit gegenüber dem eigenen Verhalten – selbständige Durchführung der Aufgaben

Karte 66

Programme 11 und 12

Hauptaufgaben der Technikschulung
– siehe Übungsprogramm 9/10

Hauptaufgaben bei der Entwicklung konditioneller Fähigkeiten
– Entwicklung der Ausdauerfähigkeit durch TSL bis 200 m (RBe–RGl, KBe–BAr und 100 m K)
– durch allgemeinentwickelnde Übungen (BBe–RGl, KBe–BAr und Wettkampfübungen 100 m K)

20' Gymnastikprogramm
1. 4 × 50 m KAr/K passiv 30″ – 1′ Pause
   (Wechsel bei 50 m)
2. 1 × 200 m RAr/R passiv 30″ – 1′ Pause
   (Wechsel bei 50 m)
3. 1 × 200 m BBe–RGl/KBe–BAr passiv 30″ – 1′ Pause
   (Wechsel bei 50 m)
4. 2 × 100 m KBe/K/KAr/K passiv 30″ – 1′ Pause
   (Wechsel bei 50 m)
5. 1 × 200 m RBe/R/RAr/R passiv 30″ – 1′ Pause
   (Wechsel bei 50 m)
6. Weiterentwicklung der Technik des konventionellen Startsprungs

20' Gymnastikprogramm
1. 4 × 50 m RAr passiv 30″ – 1′ Pause
2. 4 × 100 m R passiv 30″ – 1′ Pause
3. 1 × 100 m BBe–RGl passiv 30″ – 1′ Pause
4. 2 × 50 m KAr passiv 30″ – 1′ Pause
5. 2 × 100 m K passiv 30″ – 1′ Pause
6. Weiterentwicklung der Technik des konventionellen Startsprungs

Empfehlungen zum Erziehungsplan

Ziele und Aufgaben	Motivbildung/Maßnahmen	Verhaltenssteuerung	Kriterien
1. Grundlagen a) Bereitschaft, sich physisch auf die Verteidigung der sozialistischen Heimat vorzubereiten **2. Moralische Qualitäten** a) vertrauensvolles Verhältnis zum Übungsleiter **3. Wettkampfeigenschaften** a) Beharrlichkeit beim Schwimmen langer Teilstreckenlängen	– Erläuterung der Bedeutung des Sportabzeichenprogramms der DDR „Bereit zur Arbeit und zur Verteidigung der Heimat" (Lebensfreude und den Optimismus zu fördern, wertvolle Charaktereigenschaften usw.) – bewußtmachen, daß die Sportler mit allen Fragen und Problemen zum ÜL kommen können – Stimulierung für 200-m-TSL	– alle setzen sich das Ziel, das Sportabzeichen der DDR in „Bronze" zu erfüllen – Eintragung der Ergebnisse in die Gruppenchronik – ÜL unterstützt Sportler in jeder Beziehung – Anerkennung der Leistungen des ÜL durch den Sportler – gegenseitiger Ansporn und ständige Ermunterung durch ÜL	– Erfüllung der Bedingungen des Sportabzeichens der DDR – gutes Sportler-ÜL-Verhältnis – Durchschwimmen und gute Technik

Karte 67

aA
R
B

Programme 13 und 14

Hauptaufgaben der Technikschulung
– siehe Übungsprogramm 11/12
– Bruststart, Tauchzug und Übergang in die Schwimmlage

Hauptaufgaben bei der Entwicklung konditioneller Fähigkeiten
– siehe Übungsprogramm 11/12
– allgemeinentwickelnde Übungen bis 400 m

20' Gymnastikprogramm
1. 4 × 25 m BBe passiv 30" – 1' Pause
2. 4 × 25 m B passiv 30" – 1' Pause
3. 1 × 400 m BBe–RGl/
KAr/BBe passiv 30" – 1' Pause
(Wechsel alle 50 m)
4. 4 × 50 m RBe passiv 30" – 1' Pause
5. 4 × 100 m R passiv 30" – 1' Pause
6. Abstoß in Brustlage und Tauchzug

20' Gymnastikprogramm
1. 4 × 25 m BBe passiv 30" – 1' Pause
2. 4 × 25 m B passiv 30" – 1' Pause
3. 4 × 50 m KBe passiv 30" – 1' Pause
4. 2 × 100 m K passiv 30" – 1' Pause
5. 4 × 50 m RBe passiv 30" – 1' Pause
6. 2 × 200 m R passiv 30" – 1' Pause
7. Weitere Verbesserung des konventionellen Startsprungs
8. Abstoß in Brustlage und Tauchzug

Empfehlungen zum Erziehungsplan

Ziele und Aufgaben	Motivbildung/Maßnahmen	Verhaltenssteuerung	Kriterien
1. Grundlagen a) Festigung der Überzeugung, daß unsere Regierung allen Jung- und Thälmann-Pionieren Vertrauen, Förderung und Wertschätzung zuteil werden läßt **2. Moralische Qualitäten** a) Festigung des Bedürfnisses nach regelmäßiger Übungs- und Wettkampftätigkeit **3. Wettkampfeigenschaften** a) Konzentrationsfähigkeit und aktive Mitarbeit bei der Entwicklung der koordinativen Fähigkeiten	– Vorbereitung und Gestaltung einer kleinen Feier zum 1. Juni bzw. Abschluß des Jahres – Würdigung der Ergebnisse durch ÜL – bewußtmachen, daß die Spartakiadewettkämpfe Höhepunkt des Jahres sind – Verdeutlichen des Wertes der regelmäßigen Übungs- und Wettkampftätigkeit – Vermittlung des Anliegens und der Durchführungsweise der Serie 4×25 m – ständige Einflußnahme auf Gleichmaß	– Aufgaben an die Sportler in Vorbereitung auf den 1. Juni verteilen – Anfertigen der Spartakiadewandzeitung (Anleitung durch das Aktiv) – Anerkennung für Leistungen und Verhalten (z.B. Bilder von Leistungssportlern) – Zeitdifferenzen summieren und Belobigung der Besten	– Stolz auf das Erreichte – geringe Zeitdifferenzen

Karte 68

GS
aA
R
K

Programme 15 und 16

Hauptaufgaben der Technikschulung
- Festigung der Technik
  - RBe
  - KBe
  - konventionelle Startsprünge K
- Erarbeitung der tiefen R-Wende
- Weiterentwicklung der Atemtechnik (K)

Hauptaufgaben bei der Entwicklung konditioneller Fähigkeiten
- Entwicklung der Ausdauerfähigkeit durch TSL bis 200 m durch allgemeinentwickelnde Übungen (RGl, TZ)
- Verbesserung der Grundschnelligkeit durch TSL max. 2 × 12,5 m K und R

15' Gymnastikprogramm
1. 2 × 100 m R   80 % aktiv 30" Pause
2. 4 × 50 m RBe   80 % aktiv 30" Pause
3. 2 × 12,5 m R   100 % aktiv 30" Pause
4. 1 × 200 m RGl
5. Erarbeitung der tiefen Rückenwende

15' Gymnastikprogramm
1. 2 × 100 m K   80 % aktiv 30" Pause
2. 4 × 50 m KBe   80 % aktiv 30" Pause
3. 2 × 12,5 m K   100 % aktiv 30" Pause
4. 1 × 200 m Tauchz. 80 %
5. Erarbeitung der tiefen Rückenwende

Programme

Empfehlungen zum Erziehungsplan

Ziele und Aufgaben	Motivbildung/Maßnahmen	Verhaltenssteuerung	Kriterien
1. Grundlagen a) Bedürfnis und Bereitschaft zur Mitgestaltung politischer Höhepunkte im Leben unserer Republik **2. Moralische Qualitäten** a) Festigung des Verantwortungsbewußtseins bei der Erfüllung höherer Übungsforderungen gegenüber Übungs-, FDJ- bzw. Pioniergruppe b) Festigung der Gewohnheiten zur Einhaltung der Normen der Hygiene und Ordnung **3. Wettkampfeigenschaften** a) Zielstrebigkeit und Beharrlichkeit	— Führung eines Gesprächs bzw. Miterlebenlassen der Feierlichkeiten zum Geburtstag unserer Republik (Erfolge des Sports aufzeigen) — Verdeutlichen der zu erreichenden Fortschritte in Technik, Kondition und Erziehung und der Notwendigkeit großer Anstrengungsbereitschaft zur Zielerreichung — Motivation der Einhaltung der Verhaltensnormen — Notwendigkeit der Verbesserung der Grundschnelligkeit — Entwicklung der Ausdauer über 200 m	— Verpflichtung, hohe sportliche Leistungen zum Tag der Republik zu vollbringen — monatliche Auswertung der Verhaltensregeln mit Selbsteinschätzung der Sportler — Verantwortlichkeit der SvD verdeutlichen — Fortschritte feststellen lassen	— stolz auf das Erreichte sein — Einhaltung der Verhaltensregeln

Karte 69

Programme 17 und 18

Hauptaufgaben der Technikschulung
- siehe Übungsprogramm 15/16
- Erarbeitung der tiefen Kraulwende mit Doppelarmzug
- Weiterentwicklung der Gesamtbewegung B
- Erarbeitung der flachen B-Wende

Hauptaufgaben bei der Entwicklung konditioneller Fähigkeiten
- Entwicklung der Ausdauerfähigkeit durch TSL bis 200 m durch allgemeinentwickelnde Übungen (RGI, TZ)
- durch TSL bis 50 m Teilbewegung (KBe, RBe, BBe)

15' Gymnastikprogramm
1. 1 × 200 m   RGI   80–85 %   passiv   30" Pause
2. 4 × 50 m   RBe   80 %   passiv   20"–30" Pause
3. 2 × 100 m   R   80 %   passiv   20"–30" Pause
4. 4 × 50 m   KBe   80 %   passiv   20"–30" Pause
5. 2 × 100 m   K   80 %   passiv   20"–30" Pause
6. 1 × 200 m   Tauchzüge
7. Erarbeitung der tiefen Kraulwende mit Doppelarmzug

15' Gymnastikprogramm
1. 1 × 200 m   RGI   80 %   passiv   30" Pause
2. 4 × 25 m   BBe   80 %   passiv   30" Pause
3. 4 × 25 m   B   85 %   passiv   30" Pause
4. 4 × 50 m   BBe   80 %   passiv   30" Pause
5. 4 × 50 m   B   85 %   passiv   30" Pause
6. 2 × 50 m   KBe   80 %   passiv   30" Pause
7. 1 × 100 m   K   80 %   passiv   30" Pause
8. 1 × 200 m   Tauchzüge 70–85 %
9. Erarbeitung der B-Wende

Empfehlungen zum Erziehungsplan

Ziele und Aufgaben	Motivbildung/Maßnahmen	Verhaltenssteuerung	Kriterien
1. Grundlagen a) Festigung der Erkenntnisse zur Förderung des Sports durch unseren Staat **2. Moralische Qualitäten** a) Bereitschaft, an sich selbst hohe Anforderungen zu stellen b) Bedürfnis, die während des Übens erworbenen Kenntnisse zu erweitern und an andere weiterzuvermitteln **3. Wettkampfeigenschaften** a) Kenntnisse über Kraulwende	– Bewußtmachen des Wertes der Übungsstätten, der Vielzahl der Sportanlagen, die für sportliche Betätigung zur Verfügung stehen – verdeutlichen, daß nur derjenige hohe Leistungen vollbringt, der sich selbst hohe Forderungen stellt – Vermittlung der Kenntnisse	– Aufforderung zur Höflichkeit gegenüber dem Badepersonal und Befolgen von deren Anweisungen – Erkennen des eigenen Leistungsvermögens – Aneignung von Kenntnissen und Weitervermittlung an andere Sportkameraden – Sportlerdemonstration – Korrektur durch ÜL und Kollektiv – Arbeit mit Übungsheft	– Achtung des gesellschaftlichen Eigentums – gegenseitige Hilfe und Unterstützung

Karte 70

aA
R
S

Programme 19 und 20

Hauptaufgaben der Technikschulung
— Erarbeitung der Delphinbewegung und der Atemtechnik
— Weiterentwicklung der tiefen Kraulwende mit Doppelarmzug

Hauptaufgaben bei der Entwicklung konditioneller Fähigkeiten
— Entwicklung der Ausdauerfähigkeit durch TSL bis 200 m durch allgemeine Übungsmittel (RGI/TZ)

15' Gymnastikprogramm
1. 1 × 200 m RGI   80–85 % passiv 30" Pause
2. 6 × 12,5 m Delphinbewegung erarbeiten
3. 1 × 200 m R   80–85 % passiv 30" Pause
4. 6 × 12,5 m Delphinbewegung erarbeiten
5. 1 × 200 m Tauchz. 80–85 %
6. tiefe Kraulwende mit Doppelarmzug

15' Gymnastikprogramm
1. 1 × 200 m RGI   80–85 % passiv 30" Pause
2. 8 × 12,5 m Delphinbewegung in Brust- und Rückenlage erarbeiten
3. 4 × 50 m R/K   passiv 20"–30" Pause
4. 4 × 50 m RBe/KBe   passiv 20"–30" Pause
5. 1 × 200 m Tauchz.
6. tiefe Kraulwende mit Doppelarmzug

Empfehlungen zum Erziehungsplan

Ziele und Aufgaben	Motivbildung/Maßnahmen	Verhaltenssteuerung	Kriterien
1. Grundlagen a) Bereitschaft zur Mitgestaltung politischer Höhepunkte im Leben unserer Republik **2. Moralische Qualitäten** a) Bereitschaft zur Übernahme von Aufgaben im Interesse des Kollektivs (Wahl des Gruppenaktivs)	– Würdigung des Pioniergeburtstages durch den ÜL – Begründung für die Auswahl der Aktivmitglieder – das neue Gruppenaktiv mit den bevorstehenden Aufgaben vertraut machen	– Feier anläßlich des Pioniergeburtstages bereitet das Gruppenaktiv gemeinsam mit dem ÜL vor (Einbeziehung der Eltern) – Auszeichnung der Besten – Anleitung und konkrete Aufgabenstellung für die Aktivmitglieder – Selbständigkeitsgrad erhöhen – Gruppenaktiv durch Wahlvorgang bestätigen lassen	– Bereitschaft des Aktivs, ÜL zu unterstützen
3. Wettkampfeigenschaften a) Festigung der Kenntnisse der tiefen Kraulwende mit Doppelarmzug	– siehe Übungsprogramm 17/18	– siehe Übungsprogramm 17/18	

Karte 71

aA
GS
K
B

Programme 21 und 22

Hauptaufgaben der Technikschulung
— Weiterentwicklung der Technik
  - DBe
  - BDe
  - Startsprünge
  - tiefe R-Wende
  - B-Wende
  - Atemtechnik

Hauptaufgaben bei der Entwicklung konditioneller Fähigkeiten
— Entwicklung der Ausdauerfähigkeit durch TSL bis 400 m mit allgemeinen Übungsmitteln, bis 200 m mit speziellen Mitteln
— Verbesserung der Schnelligkeit durch TSL max. 2 × 12,5 m K

15' Gymnastikprogramm
1. 1 × 400 m RGI/R   85 %   passiv 30" Pause
   (Wechsel bei 100 m)
2. 1 × 200 m R/K   80 %   passiv 30" Pause
   (Wechsel bei 100 m)
3. 4 × 50 m   KBe/RBe   80 %   passiv 20"–30" Pause
4. 1 × 100 m B   80 %   passiv 20"–30" Pause
5. 2 × 50 m   SBe/B   80 %   passiv 20"–30" Pause
6. 2 × 50 m   BBe   80 %   passiv 20"–30" Pause
7. 1 × 100 m Tauchz.   80–85 %

15' Gymnastikprogramm
1. 1 × 200 m   RGI   80–85 %   passiv 30" Pause
2. 2 × 100 m   BBe   80 %   passiv 20"–30" Pause
3. 2 × 100 m   B   80 %   passiv 20"–30" Pause
4. 2 × 12,5 m K   100 %   passiv 2' Pause
5. 1 × 200 m   RGI   80 %
6. Festigung der Startsprünge

Empfehlungen zum Erziehungsplan

Ziele und Aufgaben	Motivbildung/Maßnahmen	Verhaltenssteuerung	Kriterien
1. Grundlagen a) Kenntnisse über die freundschaftlichen Beziehungen der Sportler der DDR und der Sportler der SU **2. Moralische Qualitäten** a) Festigung des Verantwortungsbewußtseins bei der Erfüllung der schulischen und Übungsverpflichtungen b) Bereitschaft zur gegenseitigen Über- und Unterordnung c) Entwicklung selbstkritischen Verhaltens **3. Wettkampfeigenschaften** a) Beharrlichkeit bei der Technikvervollkommnung b) Mobilisationsbereitschaft bei hohen Intensitäten	— Gespräch über die Beziehungen unserer Sportler mit den Sportlern der SU (Beispiele nennen lassen) — ÜL berichtet von seinen eigenen Erlebnissen — Auswertung der schulischen Leistungen — Vergleich zu den sportlichen Leistungen — Übermittlung von Aufträgen an einzelne Sportler zur Leitung anderer bei der Lösung von Übungsaufgaben — Sportlerstellungnahmen zu sportl. und schulischen Leistungen — Schulung der Starts und Wenden mit gegenseitiger Beobachtung, Fehleranalyse und Bewertung — Orientierung auf die Verbesserung über 12,5 m — Stimulierung für die 400-m-Strecke	— Gestaltung einer Wandzeitung unter dem Thema: Sportler halten Freundschaft mit den Sportlern der SU und anderer Länder (Vergleich und Vorbereitung mit dem Gruppenaktiv) — Anerkennung guter Leistungen — Arbeit mit Lob und Tadel — Eltern vom Leistungsstand der Kinder informieren — Kontrolle und Wertung der Kenntnisse — Fortschritte feststellen lassen — gegenseitiger Ansporn und Ermunterung durch den ÜL	— Freude über die Erfolge der Sportler aus sozial. Ländern — schulische und sportliche Leistungen und Verhalten stimmen im pos. Bereich überein — selbstkritisches Verhalten — Technikentwicklung mit gleichbleib. guter Konzentration

Karte 72

aA R B

Programme 23 und 24

Hauptaufgaben der Technikschulung
- Erarbeitung des R-Starts
- Weiterentwicklung der Technik
  - BAr
  - KBe
  - RAr
  - konventionelle Startsprünge

Hauptaufgaben bei der Entwicklung konditioneller Fähigkeiten
- Entwicklung der Ausdauerfähigkeit durch TSL bis 400 m (davon max. 200 m K oder R und 200 m RGI)
- zusätzliche Kontrolle der Grundschnelligkeit über 12,5 m R und K (in das Übungsprogramm einfügen)

15′ Gymnastikprogramm
1. 1 × 400 m RGI/R 85 % passiv 30″ Pause
2. 4 × 50 m DBe/B 80 % passiv 30″ Pause
3. 2 × 100 m B 80 % passiv 30″ Pause
4. 4 × 50 m BBe 80 % passiv 30″ Pause
5. 2 × 50 m R 80 % passiv 30″ Pause
6. 2 × 50 m KBe 80 % passiv 30″ Pause
7. 1 × 200 m RGI

15′ Gymnastikprogramm
1. 1 × 400 m RGI/R 80 % passiv 20″–30″ Pause
2. Erarbeitung des R-Starts (8 ×)
3. 4 × 50 m RAr 80 % passiv 20″–30″ Pause
4. 1 × 200 m R 85 % passiv 20″ Pause
5. 4 × 50 m BAr/DBe 80 % passiv 20″–30″ Pause
6. 4 × 50 m KBe 80 % passiv 20″–30″ Pause
7. 1 × 200 m RGI/K 85 %

Empfehlungen zum Erziehungsplan

Ziele und Aufgaben	Motivbildung/Maßnahmen	Verhaltenssteuerung	Kriterien
1. Grundlagen a) Bereitschaft, sich physisch auf die Verteidigung der sozialistischen Heimat vorzubereiten **2. Moralische Qualitäten** a) Streben nach gemeinsamen sportlichen Erfolgen – Freude an den Erfolgen der Sportkameraden **3. Wettkampfeigenschaften** a) Beharrlichkeit bei der Technikvervollkommnung	– ÜL erläutert die Bedingungen für das Sportabzeichen der DDR in „Silber" – bewußtmachen, daß mit dem Sportabzeichen Kenntnisse, körperliche Fähigkeiten und sportliche Fertigkeiten nachgewiesen werden – Förderung der Vorbildwirkung bekannter Leistungssportler und der Sportler der eigenen ÜG – Kenntnisse über die Technik BAr, KBe, RAr – Schulung d. Starts	– Verleihung des Sportabzeichens in würdiger Form (bei offiziellen Anlässen oder Sportveranstaltungen) – Hervorheben von guten Leistungen – Vorbildsteuerung – gegenseitige Beobachtung und Fehleranalyse	– Erringung des Sportabzeichens der DDR in „Silber" – Bestreben, Vorbildern nachzueifern – Technikschulung mit gleichbleibender Konzentration

Karte 73

Programme 25 und 26

Hauptaufgaben der Technikschulung
— Festigung Gesamtkoordination R, K, B

Hauptaufgaben bei der Entwicklung konditioneller Fähigkeiten
— Entwicklung der Ausdauerfähigkeit durch allgemeine Übungsmittel und bis 400 m R
— zusätzliche Kontrolle der Schnelligkeit über 12,5 m R oder K (in das Übungsprogramm einfügen)

15' Gymnastikprogramm
1. 1 × 300 m RGI/TZ   80 %   passiv 30" Pause
   (100 m Wechsel)
2. 1 × 400 m R   80 %   passiv 20"–30" Pause
3. 2 × 100 m RBe   80 %   passiv 20"–30" Pause
4. 1 × 200 m R   80 %   passiv 20" Pause
5. 4 × 50 m DBe   80 %   passiv 20"–30" Pause
6. 2 × 100 m KBe   80 %   passiv 20"–30" Pause
7. 1 × 200 m K   80 %   passiv 20" Pause

15' Gymnastikprogramm
1. 1 × 300 m RGI/TZ   80 %   passiv 30" Pause
2. 1 × 200 m R   80 %   passiv 20" Pause
3. 4 × 50 m RAr   80 %   passiv 20"–30" Pause
4. 1 × 200 m R   80 %   passiv 30" Pause
5. 2 × 50 m KAr   80 %   passiv 20"–30" Pause
6. 1 × 200 m K   80 %   passiv 30" Pause
7. 1 × 100 m BBe   80 %   passiv 20"–30" Pause
8. 2 × 100 m B   80 %   passiv 20"–30" Pause

Empfehlungen zum Erziehungsplan

Ziele und Aufgaben	Motivbildung/Maßnahmen	Verhaltenssteuerung	Kriterien
1. Grundlagen a) Bereitschaft, durch hohe Leistungen in den Spartakiadewettkämpfen das Ansehen der ÜG zu erhöhen **2. Moralische Qualitäten** a) Wahrung der Kollektivität bei eigenen sportlichen Erfolgen und Mißerfolgen b) Anerkennung und Achtung der Leistung des sportlichen Gegners **3. Wettkampfeigenschaften** a) Zielstrebigkeit und Beharrlichkeit b) Steigerungsfähigkeit (Mobilisationsbereitschaft)	— bewußtmachen, daß die Spartakiadewettkämpfe Höhepunkt des Jahres sind, wo die zielstrebige Arbeit d. ÜL und der Fleiß der Sportler ihren Ausdruck finden — Bewußtmachen der Verantwortung des einzelnen für das Abschneiden des Kollektivs und der Notwendigkeit gegenseitigen Anspornes — bewußtmachen, daß jeder Gegner ernst genommen werden muß — Verdeutlichen der Notwendigkeit, bis zum „Anschlag" zu kämpfen	— Sportler berichten über eigene Erlebnisse von Spartakiadewettkämpfen — Vorbereitung einer Wandzeitung zur Spartakiade mit der Verpflichtung, hohe Leistungen zu vollbringen — Gestaltung der Schlußteile unter dem Aspekt kollektiver Übungsformen und Wettbewerbe — Aufforderung zur Mobilisation aller Kräfte auf den letzten Metern (Stimulation der Sportler durch Zurufe vom Beckenrand)	— Freude auf Spartakiadewettkämpfe und Bereitschaft, beste Resultate zu erzielen — Wahrung der Kollektivität — Achtung vor dem sportlichen Gegner — Bemühen, auf den letzten Metern noch etwas zuzulegen

Karte 74

aARKB

Programme 27 und 28

Hauptaufgaben der Technikschulung
- Vervollkommnung der Technik, R, K, B über die TSL bis 200 m
- Festigung der DBe über die TSL 50 m
- Festigung der Technik des konventionellen Starts und der tiefen Wende

Hauptaufgaben bei der Entwicklung konditioneller Fähigkeiten
- Entwicklung der Ausdauerfähigkeit durch TSL bis 400 m R, 400 m RGI/K und 300 m RGI
- zusätzliche Kontrolle der Schnelligkeit über 12,5 m R oder K (in das Übungsprogramm einfügen)

15′ Gymnastikprogramm
1. 1 × 400 m   RGI/K   80 %   passiv   30″ Pause
2. 2 × 50 m   KBe   80 %   passiv   20″–30″ Pause
3. 2 × 100 m   K   80 %   passiv   20″ Pause
4. 2 × 50 m   BBe   80 %   passiv   20″–30″ Pause
5. 2 × 100 m   B   80 %   passiv   20″ Pause
6. 4 × 50 m   DBe   80 %   passiv   20″–30″ Pause
7. 1 × 400 m   R   80 %   passiv   20″ Pause

15′ Gymnastikprogramm
1. 1 × 400 m   R   80 %   passiv   30″ Pause
2. 2 × 200 m   K   80 %   passiv   20″ Pause
3. 2 × 50 m   BAr   80 %   passiv   20″–30″ Pause
4. 1 × 200 m   B   80 %   passiv   20″ Pause
5. 4 × 50 m   DBe   80 %   passiv   20″–30″ Pause
6. 1 × 300 m   RGI   80 %

Empfehlungen zum Erziehungsplan

Ziele und Aufgaben	Motivbildung/Maßnahmen	Verhaltenssteuerung	Kriterien
1. Grundlagen a) Vertiefung der Erkenntnisse zur Förderung und Anerkennung guter sportlicher Leistungen durch unsere Partei und Regierung **2. Moralische Qualitäten** a) Bereitschaft zu intensiver Erfüllung der Aufgaben im Übungsbetrieb und zum selbständigen Üben in den Ferien b) Selbstkritik und Ehrlichkeit gegenüber eigenem Verhalten **3. Wettkampfeigenschaften** a) Mobilisationsbereitschaft und Zielstrebigkeit	– Verdeutlichen des Zusammenhanges von guten Leistungen und fleißiger Arbeit – bewußtmachen, daß das selbstkritische Verhalten der eigenen Entwicklung dienlich ist – Orientierung auf das neue Übungsjahr – Notwendigkeit des Übens in den Ferien, um die Form zu erhalten – in der Abschlußauswertung aufzeigen der Möglichkeiten für selbständiges Üben in den Ferien (Gymnastik, Athletik)	– Leistungsanalyse des vergangenen Übungsjahres durch ÜL und Gruppenaktiv – die besten Sportler werden an der Wandzeitung vorgestellt – Aufforderung des Sportlers, seine eigenen Leistungen einzuschätzen – Verpflichtung der Sportler, in den Ferien selbständig zu üben (Kontrolle durch die Eltern)	– Bereitschaft, in den Ferien weiter zu üben

Karte 75

Programme 29 und 30

Hauptaufgaben der Technikschulung
— Vervollkommnung der Technik des R- und K-Schwimmens
— besondere Beachtung der RAr
— Erarbeitung der Technik des Greifstarts

Hauptaufgaben bei der Entwicklung konditioneller Fähigkeiten
— Entwicklung der Ausdauerfähigkeit durch TSL bis 800 m K/R
— Entwicklung der Schnelligkeit durch TSL bis 12,5 m R oder K
(in das Übungsprogramm einfügen)

15′ Gymnastikprogramm
1. 1 × 400 m K/R 90–95 % aktiv 30″ Pause
   (Wechsel alle 200 m)
2. 4 × 100 m Lagen 80 % aktiv 1′ Pause
   (Wechsel alle 25 m)
3. 2 × 200 m RBe/R 80–85 % aktiv 45″ Pause
   (Wechsel alle 100 m)
4. 2 × 100 m RAr/R 80 % aktiv 1′ Pause
   (Wechsel alle 50 m)
5. 1 × 100 m kombiniertes Schwimmen
   85–90 %

15′ Gymnastikprogramm
1. 1 × 800 m K/R 90–95 % aktiv 30″ Pause
   (Wechsel alle 200 m)
2. 2 × 200 m R/RAr/R/RBe 80 % aktiv 1′ Pause
   (Wechsel alle 50 m)
3. 2 × 100 m L 80 % aktiv 1′ Pause
   (Wechsel alle 25 m)
4. 1 × 100 m kombiniertes Schwimmen
   85–90 %
5. Erarbeitung des Greifstarts

Empfehlungen zum Erziehungsplan

Ziele und Aufgaben	Motivbildung/Maßnahmen	Verhaltenssteuerung	Kriterien
1. Grundlagen a) Bereitschaft, sich physisch auf die Verteidigung der sozialistischen Heimat vorzubereiten **2. Moralische Qualitäten** a) Bereitschaft, wachsende Übungsanforderungen zielstrebig und gewissenhaft zu erfüllen **3. Wettkampfeigenschaften** a) Kenntnisse zur Technik des Greifstarts	– Gespräche über sozialistische Körperkultur führen (Aufgaben von KK und Sport, Entwicklung von KK und Sport usw.) – die neuen Übungsanforderungen erläutern – bewußtmachen, daß die neuen Anforderungen nur durch fleißiges Üben erfüllt werden können – Technik des Greifstarts erläutern	– alle setzen sich das Ziel, das Sportabzeichen der DDR in „Gold" zu erfüllen – Eintragung der Ergebnisse in die Gruppenchronik – Sportlern ständig Mut machen – jeden Fortschritt, den die Sportler machen, lobend hervorheben	– Erfüllung der Bedingungen des Sportabzeichens der DDR – intensives Bemühen um die Erfüllung der Übungsanforderungen – zielstrebiges Aneignen der notwendigen theoretischen Kenntnisse

Karte 76

GS aA L K

Programme 31 und 32

Hauptaufgaben der Technikschulung
- siehe Übungsprogramm 29/30
- besondere Beachtung der KBe
- Weiterentwicklung des Greifstarts

Hauptaufgaben bei der Entwicklung konditioneller Fähigkeiten
- Entwicklung der Ausdauerfähigkeit durch TSL bis 400 m durch spezielle Übungsmittel und Lagenschwimmen
- Weiterentwicklung der Grundschnelligkeit durch TSL bis 12,5 m R oder K (in das Übungsprogramm einfügen)

15' Gymnastikprogramm
1. 2 × 200 m L   85–90 % aktiv 30" Pause
   (Wechsel alle 50 m)
2. 2 × 100 m B   80 %   aktiv 1' Pause
3. 2 × 400 m K/KBe/K/KAr
                         85–90 % aktiv 30" Pause
   (Wechsel alle 100 m)
4. 1 × 200 m kombiniertes Schwimmen
                         80–85 % aktiv 45" Pause
5. Greifstart weiterentwickeln

15' Gymnastikprogramm
1. 1 × 400 m L   85–90 % aktiv 30" Pause
   (Wechsel alle 25 m)
2. 1 × 200 m KBe/K   85–90 % aktiv 30" Pause
   (Wechsel alle 100 m)
3. 1 × 200 m KAr/K   85–90 % aktiv 30" Pause
   (Wechsel alle 100 m)
4. 2 × 100 m B   80 %   aktiv 1' Pause
5. 2 × 200 m K   85–90 % aktiv 45" Pause
6. 1 × 200 m kombiniertes Schwimmen
                         80–85 % aktiv
7. Greifstart üben

Empfehlungen zum Erziehungsplan

Ziele und Aufgaben	Motivbildung/Maßnahmen	Verhaltenssteuerung	Kriterien
1. Grundlagen a) Wertschätzung der Leistungen der Sportler sozialistischer Länder und Wertung als gemeinsame Erfolge	– am Beispiel von internationalen sportlichen Wettkämpfen den Zusammenhang der Sportler sozialistischer Länder verdeutlichen – Begründung für die Auswahl der Aktivmitglieder – bewußtmachen, daß alle Sportler die Arbeit des Gruppenaktivs unterstützen müssen – Üben des Greifstarts – Arbeit mit dem Übungsheft	– Bilder für Wandzeitung und Gruppenchronik sammeln – Erfolge der Sportler sozialistischer Länder werten lassen – vorbildliches Verhalten des Gruppenaktivs – Gruppenaktiv unterstützt den ÜL bei der Erfüllung der Übungsaufgaben – durch Wahlvorgang Aktiv bestätigen lassen – Sportlerdemonstration – Korrektur gemeinsam mit Kollektiv – konsequente Forderung nach aktiver Mitarbeit	– Wertung der Erfolge als gemeinsame Erfolge – Bereitschaft des Aktivs, Vorbild für alle Sportler zu sein
2. Moralische Qualitäten a) Bereitschaft zur Übernahme von Aufgaben im Interesse des Kollektivs b) Einsicht zur gegenseitigen Verantwortlichkeit (Gründung des Gruppenaktivs)			
3. Wettkampfeigenschaften a) Festigung der Technik d. Greifstarts b) Konzentrationsfähigkeit			

Karte 77

aA
GS
K
L

Programme 33 und 34

Hauptaufgaben der Technikschulung
- Vervollkommnung der Technik des R-, K- und B-Schwimmens
- Vervollkommnung der Wendentechnik R, K, B
- Entwicklung der Wendentechnik S

Hauptaufgaben bei der Entwicklung konditioneller Fähigkeiten
- Entwicklung der Ausdauerfähigkeit durch TSL bis 800 m R/K und L
- Entwicklung der Schnelligkeit durch TSL bis 25 m R oder K (in das Übungsprogramm einfügen)

15′ Gymnastikprogramm
1. 1 × 800 m   R/K   90–95 % aktiv   45″ Pause (Wechsel alle 100 m)
2. 1 × 400 m   L   90–95 % aktiv   45″ Pause (Wechsel alle 25 m)
3. 1 × 200 m   B   80–85 % aktiv   45″ Pause
4. 1 × 200 m   kombiniertes Schwimmen 85–90 %
5.   Wenden üben (R/K)

15′ Gymnastikprogramm
1. 1 × 400 m   R/K   80–85 % aktiv   45″ Pause (Wechsel alle 100 m)
2. 1 × 800 m   L   80–85 % aktiv   45″ Pause (Wechsel alle 25 m)
3. 1 × 200 m   BBe/B 80–85 % aktiv   45″ Pause (Wechsel alle 50 m)
4. 1 × 200 m   kombiniertes Schwimmen 85–90 %
5.   Wenden üben (S/B)

Empfehlungen zum Erziehungsplan

Ziele und Aufgaben	Motivbildung/Maßnahmen	Verhaltenssteuerung	Kriterien
1. Grundlagen a) Stolz auf die sportlichen Erfolge der DDR **2. Moralische Qualitäten** a) Fähigkeit und Bereitschaft zur Selbsteinschätzung von Leistungen und Verhalten **3. Wettkampfeigenschaften** a) Kampfgeist und Mobilisationsbereitschaft	– bewußtmachen, daß die internationalen Höhepunkte zeigen, wie rasch das Leistungsniveau unserer Sportler zunimmt – Auswertung des Übungsabschnittes – Führung der Sportler zum Erkennen ihrer aktuellen Leistungsfähigkeit – Bedeutung der 800-m-TSL	– Sportler zur Meinungsäußerung auffordern – zum Gespräch mit den Eltern anregen – Anerkennung von Leistungen, Leistungsentwicklung und vorbildlichem Verhalten – Aufforderung zur Selbsteinschätzung von Leistungen – Anspornen durch Zurufe vom Beckenrand	– Stolz auf die Erfolge unseres Sportes – gute Ansätze der Selbsteinschätzung – Durchschwimmen der 800-m-TSL

Karte 78

aA
GS

Programme 35 und 36

Hauptaufgaben der Technikschulung
— Vervollkommnung der Technik
  · R, K, B
  · Einzelbewegung Beine
  · konventioneller und R-Start und tiefe Wende

Hauptaufgaben bei der Entwicklung konditioneller Fähigkeiten
— Entwicklung der Ausdauerfähigkeit durch TSL bis 800 m L
— Entwicklung der Grundschnelligkeit
  · durch TSL bis 25 m K und R
  · durch TSL bis 12,5 m B
(in das Übungsprogramm einfügen)

15' Gymnastikprogramm
1. 1 × 800 m   L   85–90 % aktiv 30" Pause
   (Wechsel alle 25 m)
2. 1 × 200 m   BBe/B   80–85 % aktiv 30" Pause
   (Wechsel alle 50 m)
3. 1 × 200 m   DBe/S   80–85 % aktiv 30" Pause
   (Wechsel alle 50 m)
4. 3 × 200 m   K/R   80–85 % aktiv 30" Pause
   (Wechsel alle 50 m)
5. 1 × 100 m   Partnerschwimmen
                         80 %   aktiv 1' Pause
6. konventionellen, R-Start und tiefe Wende üben

15' Gymnastikprogramm
1. 1 × 800 m   L   85–90 % aktiv 30" Pause
   (Wechsel alle 25 m)
2. 1 × 400 m   KBe/K/
               RBe/R   90–95 % aktiv 30" Pause
   (Wechsel alle 100 m)
3. 1 × 400 m   BBe/B/
               DBe/S   85–90 % aktiv 30" Pause
   (Wechsel alle 50 m)
4. 1 × 100 m   Partnerschwimmen
                         80 %   aktiv 1' Pause
5. konventionellen, R-Start und tiefe Wende üben

Empfehlungen zum Erziehungsplan

Ziele und Aufgaben	Motivbildung/Maßnahmen	Verhaltenssteuerung	Kriterien
1. Grundlagen a) Festigung der sozialistischen Einstellung zu den Sportlern aus den Bruderländern **2. Moralische Qualitäten** a) Streben nach gemeinsamen sportlichen Erfolgen b) kameradschaftliches, freundschaftliches Verhalten untereinander **3. Wettkampfeigenschaften** a) Festigung sporttheoretischer Kenntnisse über Starts und Wenden	– Auswertung von internationalen Wettkämpfen – Erläuterung der Bedeutung des Zusammenhalts – Rolle des Kollektivs bewußtmachen – auf kameradschaftlichen und höflichen Umgangston achten – Kontrolle der Kenntnisse – Arbeit mit Übungsheft	– hinweisen auf Kommunikationsmittel – Übernahme von Patenschaften (guter Sportler hilft schlechtem Sportler) – gegenseitiges Anfeuern – Sportlerdemonstration und gemeinsame Analyse	– Wertung der Erfolge als gemeinsame Erfolge – höfliches Verhalten und gegenseitiges Helfen – zielstrebiges Aneignen der notwendigen theoretischen Kenntnisse

Karte 79

Programme 37 und 38

aA

Hauptaufgaben der Technikschulung
- Vervollkommnung der Technik der Schwimmarten R, K, B, S und der Starts und Wenden

Hauptaufgaben bei der Entwicklung konditioneller Fähigkeiten
- Entwicklung der Ausdauerfähigkeit durch TSL bis 800 m L und TSL bis 800 m R/K
- Entwicklung der Grundschnelligkeit
  · durch TSL bis 25 m K und R
  · durch TSL bis 12,5 m B
  (in das Übungsprogramm einfügen)

15' Gymnastikprogramm
1. 800 m　　L　　　　85–90 % aktiv　30'' Pause
   (Wechsel alle 25 m)
2. 800 m　　R/K　　　90–95 % aktiv　30'' Pause
   (Wechsel alle 100 m)
3. 100 m　　volkstümliches Schwimmen
   　　　　　80–85 % aktiv

15' Gymnastikprogramm
1. 800 m　　B/S/K　　80–85 % aktiv　30'' Pause
   (Wechsel alle 50 m)
2. 800 m　　R/K　　　90–95 % aktiv　30'' Pause
   (Wechsel alle 100 m)
3. 100 m　　volkstümliches Schwimmen
   　　　　　80–85 %

Empfehlungen zum Erziehungsplan

Ziele und Aufgaben	Motivbildung/Maßnahmen	Verhaltenssteuerung	Kriterien
1. Grundlagen a) Festigung der Einsicht, die durch Staat und Regierung gegebenen Möglichkeiten bewußtzumachen **2. Moralische Qualitäten** a) Festigung der Einsicht regelmäßiger Übungsteilnahme **3. Wettkampfeigenschaften** a) Beurteilungsvermögen bezüglich der Wettkampfsituation	– Aufzeigen der vielfältigen Entwicklungsmöglichkeiten in unserer Republik – bewußtmachen, daß die gegebenen Möglichkeiten von allen Bürgern unserer Republik genutzt werden können – bewußtmachen, daß pünktliches Erscheinen notwendig ist, um das Üben in der SG voll auszunutzen – Vergleich zu den Leistungssportlern ziehen – Bedeutung und Wichtigkeit der Einschätzung von Wettkampfsituationen	– Gespräch mit den Sportlern über die vielfältigen Entwicklungsmöglichkeiten (Einbeziehung der Eltern) – SvD überprüft die Pünktlichkeit der Sportler – Aufforderung zum Entschuldigen bei unpünktlichem Erscheinen – Auswertung von Wettkämpfen	– regelmäßiges und pünktliches Erscheinen zum Übungsbetrieb – Einschätzung der Wettkampfsituation

Karte 80

Programme 39 und 40

aA
GS
B
S

Hauptaufgaben der Technikschulung
— Vervollkommnung der Technik der 4 Schwimmarten
— besondere Beachtung der BBe, DBe

Hauptaufgaben bei der Entwicklung konditioneller Fähigkeiten
— Entwicklung der Ausdauerfähigkeit durch TSL bis 800 m L
— Entwicklung der Grundschnelligkeit
 · durch TSL bis 25 m K und R
 · durch TSL bis 12,5 m B
 (in das Übungsprogramm einfügen)

15' Gymnastikprogramm
1. 1 × 800 m L   90–95 %
   (Wechsel alle 25 m)
2. 4 × 100 m S/B   80 %   aktiv   1' Pause
   (Wechsel alle 50 m)
3. 1 × 400 m K/R   90–95 %
   (Wechsel alle 100 m)

15' Gymnastikprogramm
1. 1 × 400 m K   85–90 %
2. 1 × 400 m L   90–95 %
   (Wechsel alle 25 m)
3. 4 × 100 m DBe/BBe 80 %   aktiv   1' Pause
   (Wechsel alle 50 m)
4. 1 × 400 m RGl–BBe/
              BBe–K   85–90 %

Programme

Empfehlungen zum Erziehungsplan

Ziele und Aufgaben	Motivbildung/Maßnahmen	Verhaltenssteuerung	Kriterien
1. Grundlagen a) Freude über die Erfolge sozialistischer Länder **2. Moralische Qualitäten** a) Streben nach gewissenhafter Erfüllung der Übungsaufgaben b) Bereitschaft zur Übernahme von Aufgaben im Interesse des Kollektivs (Gründung des Gruppenaktivs) **3. Wettkampfeigenschaften** a) Mobilisationsbereitschaft und Kampfgeist	– Gespräch über internationale sportliche Wettkämpfe und Auswertung dieser Wettkämpfe (Bedeutung erläutern lassen) – Einsicht in die Notwendigkeit zielstrebigen Übens als Voraussetzung hoher sportlicher Leistungen – Begründung für die Auswahl der Aktivmitglieder – bewußtmachen, daß die Aktivmitglieder Vorbild für alle sein müssen – Bedeutung der 800-m-Strecke – Entwicklung der Ausdauerfähigkeit	– Vorbereitung eines Forums mit bekannten Leistungssportlern unserer Republik (Vorbereitung durch Gruppenaktiv) – Anleitung und konkrete Aufgabenstellung für Aktivmitglieder – Gruppenaktiv durch Wahlvorgang bestätigen lassen – ständiges Anspornen durch den ÜL	– Wertung der Erfolge der sozialistischen Länder – Bereitschaft zur Erfüllung der neuen Übungsaufgaben – Durchschwimmen der 800 m

Karte 81

aA
GS
S

Programme 41 und 42

Hauptaufgaben der Technikschulung
— Festigung der Delphinbewegung und der Technik des S-Schwimmens

Hauptaufgaben bei der Entwicklung konditioneller Fähigkeiten
— Entwicklung der Ausdauerfähigkeit durch TSL bis 800 m L
— Entwicklung der Grundschnelligkeit
 · durch TSL bis 25 m K und R
 · durch TSL bis 25 m B
 (in das Übungsprogramm einfügen)

15' Gymnastikprogramm
1. 1 × 400 m D/B   85–90%
   (Wechsel alle 50 m)
2. 2 × 200 m BBe/B   80–85% aktiv 45" Pause
   (Wechsel alle 100 m)
3. 1 × 400 m L   90–95%
   (Wechsel alle 25 m)
4. 6 × 100 m volkstümliches Schwimmen
                      80%   aktiv   1' Pause

15' Gymnastikprogramm
1. 1 × 800 m L   90–95%
   (Wechsel alle 25 m)
2. 4 × 100 m DBe/S   80%   aktiv   1' Pause
   (Wechsel alle 50 m)
3. 2 × 200 m BBe/B   80–85% aktiv 45" Pause
   (Wechsel alle 100 m)
4. 2 × 100 m volkstümliches Schwimmen
                      80%   aktiv   1' Pause

Empfehlungen zum Erziehungsplan

Ziele und Aufgaben	Motivbildung/Maßnahmen	Verhaltenssteuerung	Kriterien
1. Grundlagen a) Wissen über bekannte Leistungssportler und Freude über die sportlichen Erfolge **2. Moralische Qualitäten** a) Festigung der Einsicht und Bereitschaft, Übungsanforderungen gewissenhaft zu erfüllen **3. Wettkampfeigenschaften** a) Mobilisationsbereitschaft bei höherer Belastungsanforderung	– Bekanntmachen mit erfolgreichen Spitzensportlern der DDR (Schwimmsportler) – Fortschritte verdeutlichen – bewußtmachen, daß sehr viel Fleiß notwendig ist, um die Zielstellung zu erreichen – verdeutlichen, daß fleißiges Üben notwendig ist, um höhere Anforderungen zu erfüllen	– Aufgaben an Sportler verteilen, die Informationen über bekannte Leistungssportler einholen (Auswertung auf einer gemeinsamen Veranstaltung) – Selbstverpflichtung zur Erfüllung der Aufgaben mit besten Ergebnissen – differenzierte Aufgabenstellung durch den ÜL – Arbeit mit Lob durch den ÜL; gute Ergebnisse hervorheben	– Bereitschaft zur Erfüllung der Aufgaben

Karte 82

Programme 43 und 44

aA

Hauptaufgaben der Technikschulung
- Festigung der Gesamtkoordination aller 4 Sportschwimmarten auf verschiedenen TSL
- Festigung der Starts und Wenden

Hauptaufgaben bei der Entwicklung konditioneller Fähigkeiten
- Erhöhung des Ausdauerniveaus in allen vier Sportschwimmarten und mit allgemeinen Trainingsmitteln

15' Gymnastikprogramm
1. 1 × 800 m   L   90–95 %
   (Wechsel alle 50 m)
2. 1 × 800 m   K/R   90–95 %
   (Wechsel alle 200 m)
3. 4 × 100 m   DBe/S   80 %   aktiv   1' Pause
   (Wechsel alle 50 m)
4. 1 × 200 m   kombiniertes Schwimmen
                85–90 %

15' Gymnastikprogramm
1. 1 × 800 m   K   90–95 %
2. 4 × 100 m   DBe/S   80 %   aktiv   1' Pause
   (Wechsel alle 50 m)
3. 1 × 800 m   R/K   90–95 %
   (Wechsel alle 200 m)
4. 1 × 200 m   kombiniertes Schwimmen
                85–90 %

Programme

Empfehlungen zum Erziehungsplan

Ziele und Aufgaben	Motivbildung/Maßnahmen	Verhaltenssteuerung	Kriterien
1. Grundlagen a) Bereitschaft, durch hohe schulische und sportliche Leistungen die Heimat zu stärken **2. Moralische Qualitäten** a) Bereitschaft und Fähigkeit der Selbsteinschätzung von Leistungen und Verhalten b) Bereitschaft zur intensiven Erfüllung der Aufgaben in den Ferien **3. Wettkampfeigenschaften** a) Zielstrebigkeit und Beharrlichkeit in der Erfüllung der Aufgaben	– Gespräch zwischen Sportler und ÜL zur Entwicklung des Sportlers in den vergangenen Übungsjahren – sichtbarmachen, daß nur der zu Erfolgen kommt, der alle Aufgaben ernst nimmt – bewußtmachen, daß Selbstkritik notwendig ist, um seine Stärken und Schwächen zu erkennen – verdeutlichen, daß das Üben in den Ferien erforderlich ist, um die Form zu erhalten – Verdeutlichen des Zusammenhangs von Übungsarbeit, Einstellung zu den Übungs- und Wettkampfanforderungen und Ergebnis zu den Jahresabschlußwettkämpfen	– Anerkennung guter Leistungen – Leistungsanalyse – Eintragung der besten Sportler in die Gruppenchronik – Rechenschaftslegung über das vergangene Übungsjahr – selbständiges Üben in der Ferienzeit (Selbst- und Elternkontrolle)	– Bereitschaft, in den Ferien weiter zu üben

Karte 83

Programme 45 und 46

Hauptaufgaben der Technikschulung
- Festigung der vier Sportschwimmarten
- Festigung der Technik aller Wenden

Hauptaufgaben bei der Entwicklung konditioneller Fähigkeiten
- Erhöhung des Niveaus der Ausdauerfähigkeit mit allen vier Sportschwimmarten und allgemeinen Trainingsmitteln
- Entwicklung der Grundschnelligkeit (in das Übungsprogramm aufnehmen)

15' Gymnastikprogramm
1. 1 × 400 m   K/R   85–90 %   aktiv 30" Pause
   (Wechsel bei 200 m)
2. 2 × 400 m   L   85–90 %   aktiv 30" Pause
   (Wechsel alle 50 m)
3. 1 × 800 m   R   90–95 %
4.   Wendentechnik

15' Gymnastikprogramm
1. 1 × 800 m   K   90–95 %
2. 1 × 400 m   K/R   85–90 %
   (Wechsel bei 200 m)
3. 1 × 400 m   L   85–90 %
   (Wechsel alle 50 m)
4. 4 × 50 m   Partnerschwimmen
                     80 %   aktiv 1' Pause
5.   Wendentechnik

Empfehlungen zum Erziehungsplan

Ziele und Aufgaben	Motivbildung/Maßnahmen	Verhaltenssteuerung	Kriterien
1. Grundlagen Festigung der Bereitschaft, durch hohe Leistungen in den Spartakiadewettkämpfen das Ansehen der ÜG zu erhöhen **2. Moralische Qualitäten** a) Streben nach gemeinsamen sportlichen Erfolgen b) Wahrung der Kollektivität bei Erfolgen und Mißerfolgen **3. Wettkampfeigenschaften** a) Sichere Kenntnisse über Wettkampfbedingungen und exaktes Verhalten im Wettkampf b) Kampfgeist und Siegeswille im Wettkampf	– bewußtmachen, daß die Spartakiadewettkämpfe Höhepunkt des Jahres sind, wo die Zielstrebigkeit d. ÜL und der Fleiß der Sportler zum Ausdruck kommen – Bewußtmachen der Verantwortung des einzelnen für das Abschneiden des Kollektivs und Notwendigkeit gegenseitigen Ansporns – Erläuterung der Wettkampfbedingungen und Wiederholung des richtigen Verhaltens vor, während und nach dem Wettkampf (Orientierung auf Spartakiade) – Selbstüberwindung und kämpfen bis zum Anschlag ist Voraussetzung zum Siegen	– zu einem Gespräch bekannte Sportler einladen, die früher Spartakiadesieger waren – Vorbildsteuerung – Gestaltung der Schlußteile unter dem Aspekt kollektiver Übungsformen und Wettbewerbe – Kontrolle der Kenntnisse über Wettkampfbedingungen (Sportler erklären Wettkampfbedingungen und demonstrieren richtiges Verhalten) – anspornende Zurufe und Hinweise	– Freude auf Spartakiadewettkämpfe und Bereitschaft, gute Resultate zu erzielen – gute kollektive Atmosphäre – Wettkampfkenntnisse – kein Aufgeben in allen geschwommenen Wettkampfstrecken

Literatur

- Ehrler, W.; Liebscher, Ch.: Leichtathletik – Anleitung für den Übungsleiter. Berlin, Sportverlag, 1984

- Harre, D. u. a.: Trainingslehre. 10. Auflage, Berlin, Sportverlag, 1986

- Lewin, G. u. a.: Schwimmsport. 7. Auflage, Berlin, 1982

- Schmith, G.: Kondition durch Schwimmen. Berlin, Sportverlag, 1981

- Schramm, E. u. a.: Sportschwimmen. Hochschullehrbuch, Berlin, Sportverlag, 1987

- Thieß, G./Schnabel, G.: Grundbegriffe des Trainings. Berlin, Sportverlag, 1986

- Thieß, G./Schnabel, G.: Leistungsfaktoren in Training und Wettkampf. Berlin, Sportverlag, 1987

- Übungsanleitung – Sportschwimmen – Sportgemeinschaften. Berlin, DTSB der DDR, 1978

Bücher für den Übungsleiter aus dem Sportverlag

Anleitungen für alle Praktiker, die wissen wollen, worauf es beim Training ankommt

bisher erschienen:

Dr. Wolfgang Bartel/Gotthart Schimizek
Skilauf
256 Seiten, 10,80 M
Best.-Nr. 671 550 3 — ISBN 3-328-00001-1

Dr. Wilfried Ehrler/Christa Liebscher
Leichtathletik
220 Seiten, 9,80 M
Best.-Nr. 671 507 9 — ISBN 3-328-00071-2

Dr. Christian Menschel u. a.
Handball
2., bearbeitete Auflage
215 Seiten, 9,80 M
Best.-Nr.: 671 454 3 — ISBN 3-328-00072-0

Dr. Siegward Karbe u. a.
Volleyball
2., bearbeitete Auflage
272 Seiten, 9,80 M
Best.-Nr.: 671 455 1 — ISBN 3-328-00110-7

Dr. Detlef Schmidt u. a.
Gerätturnen
262 Seiten, 13,50 M
Best.-Nr.: 671 653 0 — ISBN 3-328-00151-4

Margit Engelmann
Tischtennis
192 Seiten, 13,50 M
Best.-Nr.: 671 652 2 — ISBN 3-328-00150-6

Wolfgang Lohmann u. a.
Trainingsprogramme Leichtathletik
Grundlagentraining, Teil 1–3
Teil 1 264 Seiten, Teil 2 224 Seiten, Teil 3 232 Seiten
33,— M (Teil 1 bis 3)
Best.-Nr. 671 549 0

Alle Bände Broschur, Format 20,0 × 14,5 cm

Wolfgang Koch u. a.
Fußball. Handbuch für Übungsleiter
264 Seiten, Format 17,0 × 24,0 cm, Pappband, 19,80 M
Best.-Nr. 671 622 3 — ISBN 3-328-00113-1

in Vorbereitung:

Wolfgang Koch u. a.
Fußball — Trainingsprogramme für Kinder
Fußball — Trainingsprogramme für Knaben
Fußball — Trainingsprogramme für Schüler

Axel Straube u. a.
Basketball